名茶室の工夫

茶室建築のアイデアを学ぶ

●　飯島照仁

淡交社

名茶室の工夫

茶室建築のアイデアを学ぶ

飯島照仁

はじめに

今なぜ「名茶室の工夫」なのか―

今日、名茶室を訪ねる本は書店に数多く並んでいます。しかし、その大半は建築学的、歴史的視点から各席の特徴や希少性を論じているものです。茶室は何より茶の湯を行う場所です。この大前提を抜きにして語ることはできません。現在、茶室の研究及び設計に従事し、茶の湯を修道する者として、これまでの既存の視点を踏まえたうえで、今回初めて茶の湯者の視点から、名茶室といわれている茶席の素晴らしさをひも解くことを試みました。現代に生活する私たちが自宅に茶室を建築する場合、茶の湯の本質を外すことなく、しかも自分好みの茶室を自信をもってつくるためのヒントになることと思います。

茶室の工夫を知ることは、
茶匠が客を迎えるために施した心を知ることです

茶室建築には多くの茶の湯者により、様々な工夫が施されています。しかしこれらの工夫は、作者の意図を深く理解しなければ見逃すこともまた多いのです。そこで今回はこのような茶室建築の先達たちの工夫に焦点をあて、国宝・重要文化財を始めとした名茶室を訪ねてみました。

茶室の工夫は、大きく三つに分けることができると思います。

第一にデザイン性からの工夫、第二に茶室のデメリットをメリットに変えるための工夫、そして第三に用途や客への配慮からの工夫です。

このうち、第三の「用途や客への配慮からの工夫」には少し説明が必要です。

草庵茶室は、千利休の侘び茶の大成に伴い、その茶の湯に適った空間づくりが成されました。そして利休の後、古田織部《おりべ》や小堀遠州《こぼりえんしゅう》、片桐石州《かたぎりせきしゅう》などその時代の茶の湯のリーダーたちがそれぞれの茶に適った茶室を創出しています。これらは、客を招き一碗を共にするという茶の湯の根本から生まれた工夫であったと考えられます。なぜなら、茶室はもてなしの場であり、茶の湯が行える場でなければなりません。それを形にするためには、茶の湯の空間としての露地や茶室の意義と役割、約束ごとを理解したうえでの客への最善の配慮が欠かせないのです。ここに茶室の工夫の重要な意義があります。またこれらを再確認することで、それぞれの茶の湯者の茶のあり方や心を深く理解できるものだと考えます。

「名茶室の工夫」という新たな茶室の見方は、茶の湯者が施した客への最善の配慮を、建築空間から理解する近道であるといえるでしょう。

躙口も、窓も、天井も、茶室の工夫は、客への様々な配慮が根底にあります

例えば、利休が創案した有名な工夫に「躙口《にじりぐち》」があります。躙口は露地と茶室を上手に繋ぎ、一会の進行を助けます。招かれた客は、精神的にも意味深い約七〇センチ四方の小さな戸口から頭を下げて入席し、ここより別の世界へと進むことになります。

この躙口の板戸を開けた瞬間、客は茶室の床の間に掛けられた掛物（初座《しょざ》の場合）、あるいは花（後座《ござ》の場合）を目にするよう工夫が成されています。掛物はその日の茶事・茶会のテーマを表すものともいわれ、席入した客が最初に拝見するものです。古来より「床のつけよう心得て作事すべし、掛物ほど第一の道具はなし」（『南方録』）と説かれ、床の間は茶室の構造の中でももっとも精神的な要素を秘めた部分と考えられています。その床の間が鮮烈に目に飛び込んでくるように開けられているのが躙口なのです。従って、床の間の位置や構成要素である床柱、床框《とこがまち》や落し掛けの材料の吟味がとくに重要になってきます。

茶室の窓も同じく重要な役割を持ちます。意匠性や実用性、精神性など、多面的な性格を有しており、窓を開けることで、季節感や時間の移り変わりを席中にいながら楽しむこ

とができます。また、茶事の陰《いん》の座（初座）と陽《よう》の座（後座）という精神的な演出にも対応できるように考えられています。

窓の配置と意匠にはとくに細かい注意が払われます。それは微妙な高さや大きさ、設ける数で茶室のデザインや雰囲気が大きく変わってしまうからです。また、窓の選択に茶匠の茶道のあり方や理念が示されるともいえ、それゆえに茶室には壁を塗り残した下地窓《したじまど》をはじめ、連子窓《れんじまど》、突上《つきあ》げ窓などと呼ばれる窓があり、限られた小さな壁面の中でそれぞれが重要な役割を果たしています。

利休が茶室の化粧屋根裏に突上げ窓を開けたのは、席中のデザインや明かりを採るためだけではありません。狭い茶室では炭酔いしてしまう人もいますし、病気であればなおさら、具合が悪くなってしまう人もいるかもしれません。よって化粧屋根裏も突上げ窓もうっとうしい雰囲気を和らげるための配慮でもあると利休は伝えています（『茶譜』）。このような本意を知らずして突上げ窓や化粧屋根裏を茶室のデザインとばかり心得る人が極めて多いのが現状です。利休の客への最善の配慮は、現代においてとくに学ぶべき点が多く、茶室の工夫に込められた想いの深さを再認識させられます。

もう一つ、天井について、いかに客への細かな配慮が成されているかがわかる逸話があります。

　藪内《やぶのうち》家の五代・藪内竹心《ちくしん》が「ある茶家の数寄屋は炉や道具畳の上を化粧屋根裏にしていますが問題はないのですか」という質問をされたときのこと。竹心はこのように答えています。「茶席の天井を張る場所は床の上、上座《じょうざ》の上、道具畳の上で、上部を覆って不浄を禁ずるためのものです。侘びた化粧屋根裏などにするのは下座や勝手の方だけにするものです。当世、諸方に宗匠好みの茶席といってこのようなものが造作されていますが、伝える人の誤りが多いものです。今なお正しく利休の遺構である山崎の妙喜庵《みょうきあん》を参考にして正しくわきまえておくべきです」（『源流茶話』）。

　これは草庵茶室の化粧屋根裏についての記述です。化粧屋根裏天井は建築的には化粧が施された屋根裏天井なので、その上にもう一つ本来の屋根裏天井があります。実例として、妙喜庵の待庵《たいあん》の天井は、上座と道具畳、炉の上部を平天井で覆い、不浄を禁ずるという形式となっています。さらに客座の下座《げざ》側に化粧屋根裏が構成されており、炉や道具畳の上ではないことが分かります。茶室の天井はただ構造やデザインだけで構成されるものではなく、「不浄を禁ずる」という視点から、機能性と精神的な意味合いも込められています。これも客への最善の配慮からの工夫です。

名茶室は、茶匠と出逢うところです

利休没後四百年以上にわたり、茶の湯の根幹をなす要素の一つとしてあげられるものに「用の美」というものがあります。

「用の美」とは、亭主と招かれた客が共に使い勝手がよく、それと同時に無駄な部分が削《そ》がれ、しかも簡素にして美しいことと解されます。利休が大成したわび茶の美意識とは、不要な部分をぎりぎりまで削ぎ落とし、極めて完成度の高い美が追求されています。

茶室の建築は茶の湯を行う場所という大前提があり、「用の美」や「客のために最善を尽くす」様々な工夫が、茶の湯者によって考案されてきました。これらの工夫を秘めたものが、現代まで伝えられてきた「名茶室」で、茶匠の美意識と、その茶のあり方を静かに伝えているといえるでしょう。「名茶室の工夫」の本意を知ることで、時代を超えて多くの茶匠に出逢えるのかもしれません。

目次　名茶室の工夫　茶室建築のアイデアを学ぶ

待庵　空間の自然な拡がり

妙喜庵内
所在地●京都府乙訓郡大山崎町

❶「塗り廻し」から学ぶ

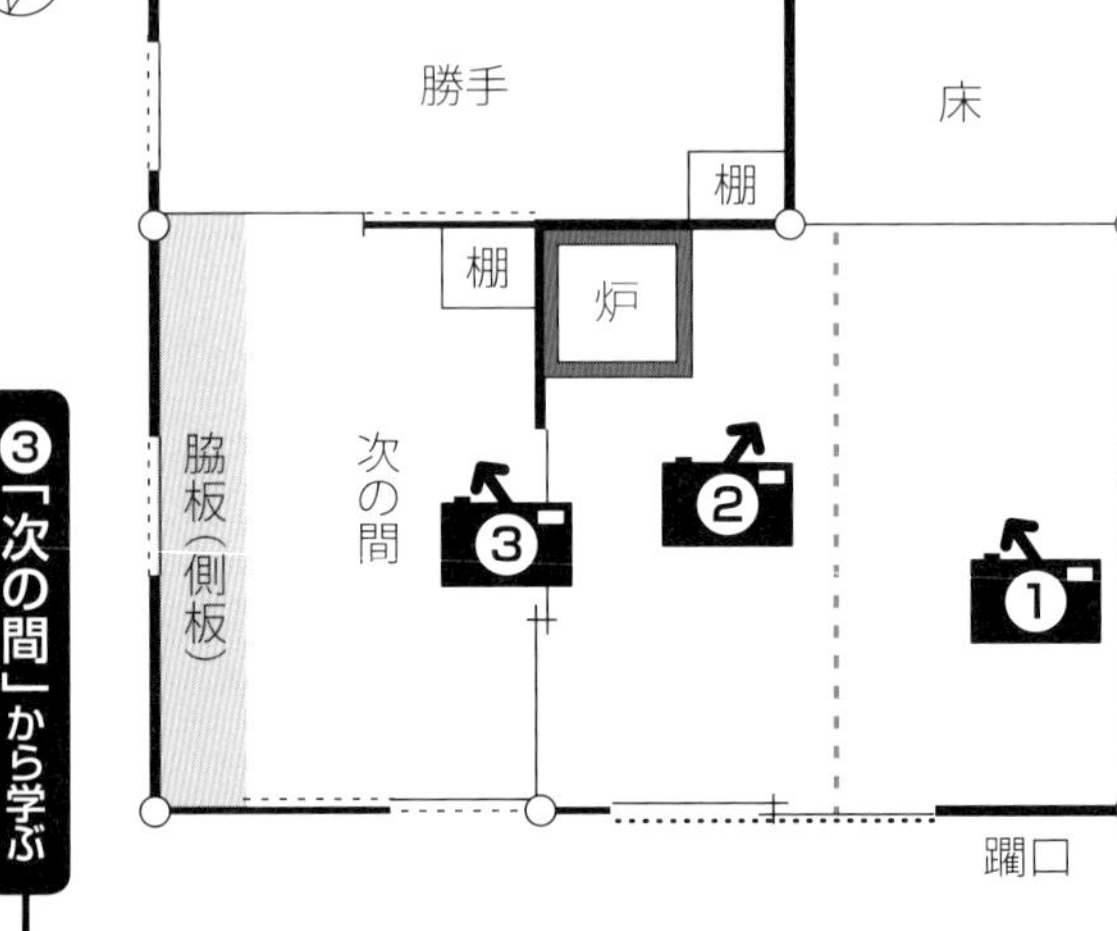

❸「次の間」から学ぶ

❷「天井」から学ぶ

名茶室を訪ね、その空間に関わった茶の湯者たちの工夫をもとに、その知恵を学びたいと思います。名茶室として現存する茶の湯空間には、茶の湯者たちの茶道観や拘《こだわ》りが細部にわたって表現されています。これらの空間に意図された工夫を理解することにより、もてなしの空間としての茶室と露地をより深く知ることができるのではないかと思います。

しかし、利休居士の教えにあるように、素晴らしい茶室に出会ったとしても、決して同じものを造らず、建築環境に合わせて独自の空間造りを試みるということが肝要です。そのためにも、本書が先人たちの知恵と工夫に敬意をもって、模倣ではなく、唯一のもてなしの空間を創り出すための一助となれば幸いです。

最初に取り上げる茶室は、国宝の待庵《たいあん》です。待庵に施された工夫は数多くありますが、その中でも特に「空間の拡がり」を感じさせる「室床《むろどこ》」「塗《ぬ》り廻《まわ》し」「天井」「次の間」という、際立って特徴的な工夫を取り上げたいと思います。

待庵とは

妙喜庵《みょうきあん》は東福寺の末寺で、室町時代の書院造である「対月庵」や広間の茶室「明月堂」と利休の造作と伝える「待庵」を主たる建物とするひっそりとしたお寺です。

その由来は諸説あり、天正十年（一五八二）頃、山崎の合戦の際、秀吉が利休に命じて造作させたという説と利休屋敷からの移築という説、山崎城内にあった茶室の移築という説などが知られています。

また秀吉が山崎の合戦で滞在したのは妙喜庵の北方、天王山の宝寺城郭で、戦後、秀吉が行った茶会もこの地で行われたとされています。このことは、慶長十一年（一六〇六）に片桐且元《かたぎりかつもと》が作ったといわれる『宝《ほう》積寺《しやくじ》絵図《えず》』に「天正年中、秀吉公、当山宝寺城郭を為す～（中略）～右天正十年十一月一日より四日迄、当山在宿。秀吉公、本堂後の巌下に杉の庵をかまえ、四日の朝数寄、四使に手前にてお茶を給ふ。其跡今にあり」と記載されています。

この『宝積寺絵図』には、利休屋敷の存在や「妙喜庵」「かこひ」、秀吉が鎧《よろい》の袖を摺ったという妙喜庵の「袖摺松《そですりまつ》」も記されており、現在は三代目の松が歴史を伝えています。

また、この袖摺松由来の老松茶器《おいまつちゃき》はたいへん有名です。

外観の特徴

待庵の外観の特徴は切妻《きりづま》屋根の柿葺《こけらぶき》であり、土庇《どびさし》を備えている点です。

土庇下の飛石を少し進んだところが待庵の正面です。ここでは躙口《にじりぐち》や連子窓《れんじまど》、下地窓《したじまど》など、外観の見どころがたくさんあります。待庵の躙口は一般的な躙口よりも高さ、幅ともに一回り大きいのが特徴です。また連子窓には中ほどに「あふち貫《ぬき》（竹の連子に添えられた部材）」が付けられていません。そして下地窓は、下地を塗り残した古式の姿を伝える作例であり、葭《よし》と割竹の下地が窓の部分だけでなく壁面の下地として組み込まれ、本来の壁下地窓の姿を確認できる唯一の遺構です。これらの意匠は茶室建築の初期的な試みとして設けられたことを窺《うかが》わせるものです。

「塗り廻し」の「室床」

さて、待庵の内部は二畳隅炉《すみろ》に一畳の次の間からなる空間です。躙口の板戸を開けると、奥行きを感じさせる侘びた土壁の床の間が正面に現れます。待庵の床の間は、本床《ほんどこ》の条件（床柱、床框《とこがまち》、落し掛けを持ち、畳床になっている床）を備えながらも、床の内部が側壁から床天井まで丸みを帯びて「塗り廻し」にされている「室床」の形式です。室床は、いわゆる本床の変形です。正式な床の間の形を保ちながらも、入隅《いりすみ》から天井まで土壁で塗り廻すという利休ならではの意匠といえます。土壁の塗り廻しは、優しさや温かみ、安心感を与えてくれます。そして何よりも待庵の塗り廻しは、どの部分もほどよく丸みをもたせて仕上げられており、自然な空間の拡がりを感じさせてくれます。これは塗り廻しの部分だけではなく、茶室の壁面全体

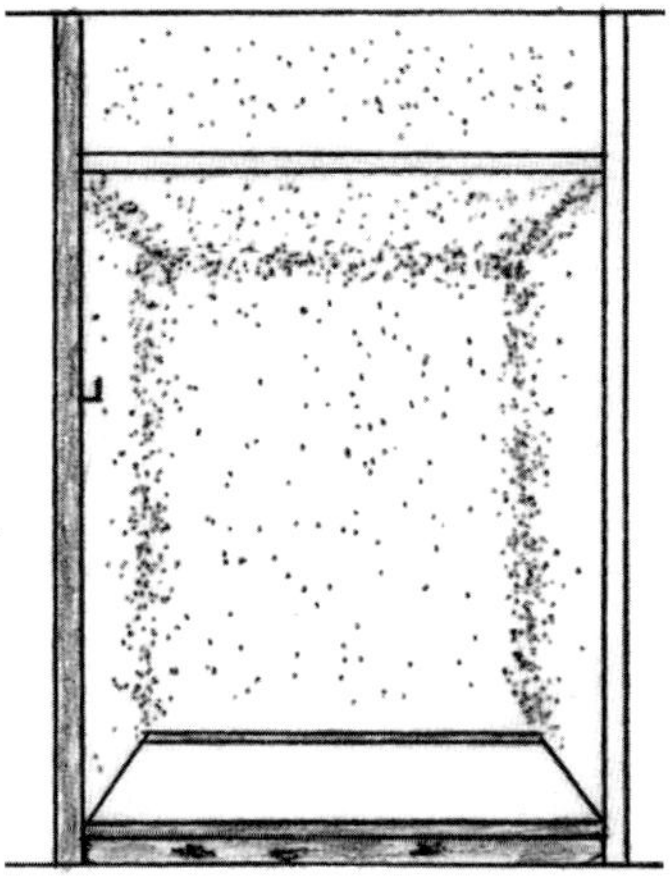

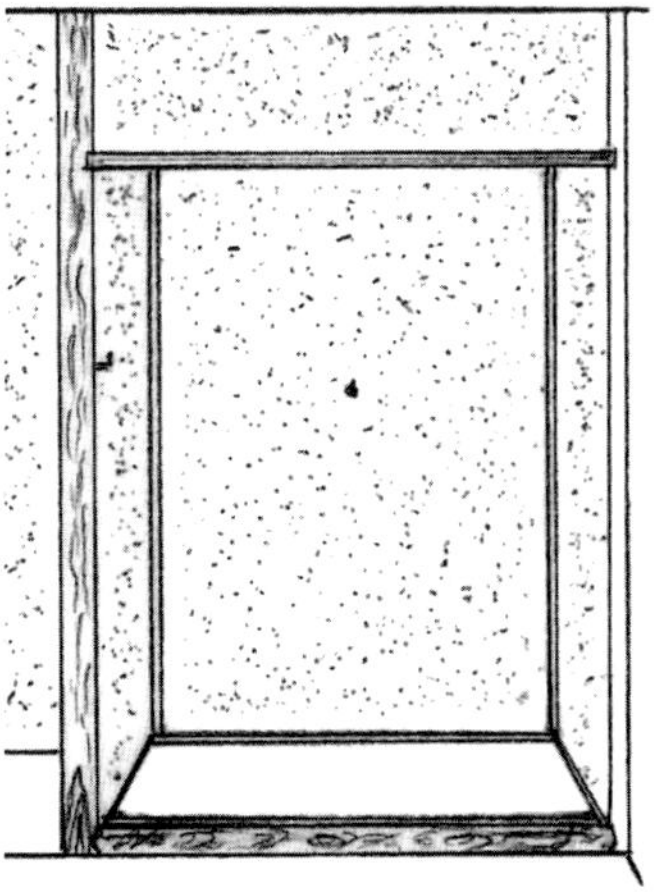

室床（上）とするか、柱を見せるか（下）により、拡がりをもたせる床か、しっかりとした印象の床か変化する。茶人がどのような茶室づくりを望むかにより、さまざまに意匠を工夫することができる。

待庵●
室床と隅炉上部の塗り廻し
待庵の床の間は「塗り廻し」を施した「室床」となっている。隅に切られた炉の上部の土壁も、柱を隠し、塗り廻しで仕上げられている。

がほのかに丸く感じられるように、やさしく仕上げられていることによります。

また隅炉の上の土壁も床の内部と同様に丸みを持たせた「塗り廻し」となっており、床の内部の入隅と合わせて三本の柱を土壁で隠し、目立たなくすることにより、茶室の限りない奥行きを醸《かも》し出しています。それゆえに躙口から茶室を拝見すると、床の間に向かって吸い込まれるような無限の奥行きを感じさせてくれるのです。この茶室内部の土壁は「侘び」の意匠ともいえるスサ（壁のつなぎのために用いる繊維質の材）入りの荒壁によって仕上げられており、隅炉に切られた待庵の炉は、少し小振りで小板は入れられていません。当初の炉壇《ろだん》も壁と同様に入隅は丸く塗られていたという伝えもあります。

縦方向への拡がりを感じさせる天井

室床の天井の高さは五尺三寸（約一六一センチ）ほどで、利休が最も低い寸法を好んでいた時期のものと考えられています。床柱は北山杉の丸太で見付《みつけ》（正面）の高い位置までやさしく面付《つらつ》けがされ、たいへん珍しいものです。床框は桐の丸太で、正面に大きな節が調子よく三つあるのが特徴です。落し掛けは床柱側に少し丸みを残した杉材を使い、相手柱も面付けの杉丸太が用いられています。「室床」と「塗り廻し」が横方向への拡がりを感じさせるのに対して、天井の構成は縦方向への拡がりを感じさせます。

待庵の天井は、点前座と貴人座《きにんざ》が竿縁《さおぶち》天井、それ以外が化粧屋根裏《けしょうやねうら》天井の組み合わせとなっており、二畳の間とは思えないほど変化に富んだ立体的な空間構成となっています。待庵は、この天井の意匠と壁面の塗り廻しが調和して、縦横への空間の拡がりを巧みに感じさせています。

「次の間」で伸縮する空間

もう一つ、待庵の「空間を拡げる」意匠で特徴的なのが「次の間」の存在です。二畳に続く次の間には八寸ほどの脇板《わきいた》（側板）が入れてあり、釣棚が仕付けられています。幅二尺の道具を運び出す出入口や点前座の位置の決定など、使い勝手から脇板が入れられているものと推測されます。また茶道口は通口《かよいぐち》の構成となっており、二枚の太鼓襖《たいこぶすま》が立てられています。この襖を二枚取り外すと、驚くことに戸当りにナグリの化粧が施されています（次頁写真参照）。これは吟味に吟味を重ねた中柱を連想させます。待庵は二畳の空間

待庵●天井
変化に富んだ天井の構成により縦への拡がりを感じさせ、二畳の空間にも関わらず、狭さを感じさせない工夫が成されている。

ですが、次の間と併せて三畳に拡げた茶の湯を可能にする空間構成となっています。

　現代の限られた建築環境では、特に奥行きや天井の構成の工夫によって、空間の拡がりを感じさせることは重要です。茶の湯に熟達した利休ならではの優れた知恵と工夫といえます。極小の空間でありながら躙口から茶室の様子を拝見した瞬間、また席入して着座した瞬間、限りなく縦横に拡がったゆとりあるもてなしの空間が現れます。待庵は利休のデザインと利休の意を汲める数寄屋大工や左官職人の合作によってなされた空間といえます。実際に体験すると、とても二畳の空間とは思えないほどゆとりを感じます。

　そして利休による空間を拡げるための究極の工夫こそ、完成された二畳と次の間を合わせて三畳の空間に早変わりさせることでした。

待庵●次の間
写真右手に見える戸当りにはナグリの意匠が施されている。このことから、待庵は、太鼓襖を外し、「次の間」と併せた三畳の茶室として使用することを意図していたものと考えられる。写真左手には脇板、奥には釣棚が備えられているのがわかる。

襖二枚を取り外して、一つの空間としたとき、二畳の待庵は一変して、別の空間を創り出します。果たして利休が、三畳での茶の湯をどのように行ったかは詳《つまび》らかではありませんが、二枚の襖の戸当りにナグリの化粧が施されていることが重要です。これは以前から指摘されていますが、二枚の襖を外すことを前提に、つまり三畳で使うことを予測しての意匠であったと推測されます。いずれにしても、重要なのは二畳から三畳の空間へと変化させられることです。この工夫は、とても高度なもので、茶の湯に精通した利休ならではの特に注目したい工夫です。空間を自由に拡大・縮小させることができるという発想はたいへん興味深いものといえます。

　利休は侘び茶を極めようとして、これまでの既成の茶の湯空間をことごとく削ぎ落とし、縮小化へと深化させました。わずか二畳の茶室での利休の茶がどのようなものであったか、また利休の茶の湯に対する求道心がいかに厳しく、真摯であったかが様々に想像されます。茶室は、自身の修行の場であると同時にもてなしの空間であり、客に最善を尽くす場でもあります。利休が成した侘びの茶の湯空間は、茶室の本質を踏まえ、茶の湯空間として客に応じて限りない可能性を示《し》唆《さ》しています。

如庵 用と美の空間

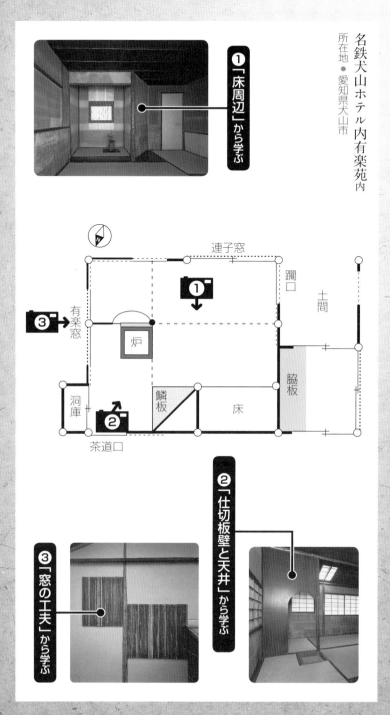

名鉄犬山ホテル内有楽苑内

所在地●愛知県犬山市

❶「床周辺」から学ぶ

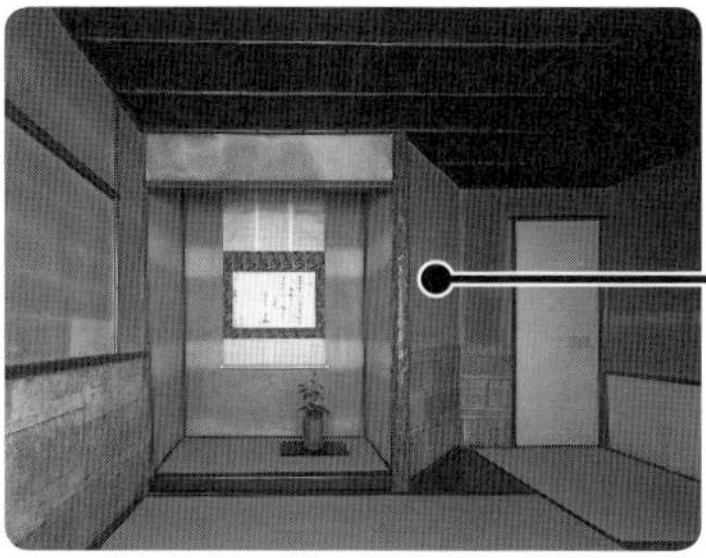

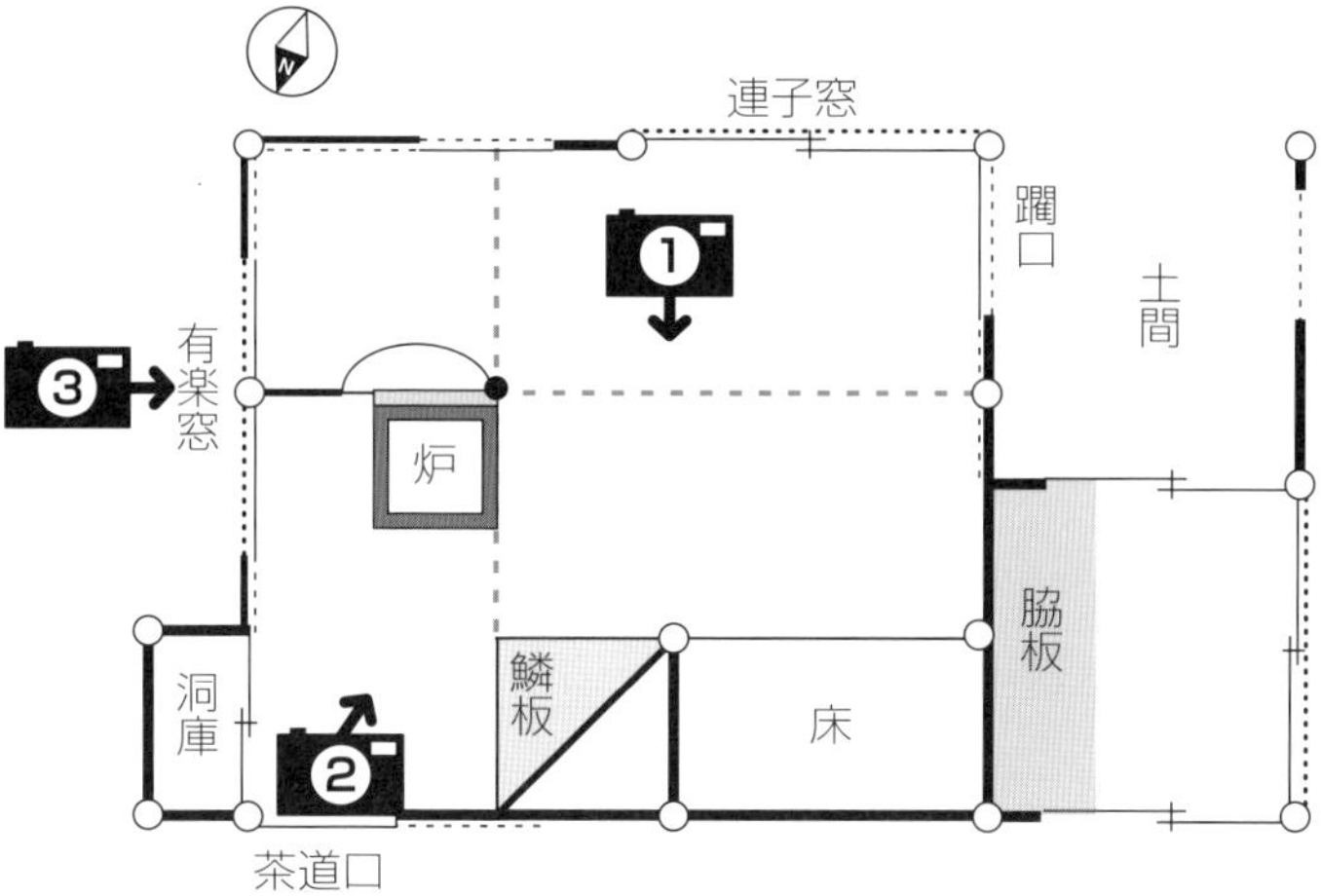

❷「仕切板壁と天井」から学ぶ

❸「窓の工夫」から学ぶ

国宝茶室の如庵《じょあん》は、京都建仁寺《けんにんじ》の塔頭《たっちゅう》・正伝院《しょうでんいん》に設けられた織田有楽《うらく》（一五四七〜一六二一）の茶室です。茶人として名高い有楽は、織田信長の実弟であり大坂冬の陣で豊臣方に与《くみ》しましたが、のちに堺、京都などに隠棲しました。如庵は明治四十一年（一九〇八）に東京の三井家本邸へ移築、昭和十三年（一九三八）、大磯の三井家別邸へと移され、さらに同四十七年に愛知県犬山市の名鉄犬山ホテル敷地内にある有楽苑に移築されています。

如庵の露地は「都林泉名勝図会《みやこりんせんめいしょうずえ》」（寛政期に刊行された、京都の名庭の案内書）より景色を再現したものです。蹲踞《つくばい》の手水鉢《ちょうずばち》は加藤清正が文禄の役（一五九二〜九三）の折、釜山《プサン》沖から持ち帰ったもので、「釜山《ふざん》海《かい》」の銘が付けられています。また手水鉢の前に位置する大きな前石には、天正七年（一五七九）の刻銘が記されています。さらに、露地の奥には「元和元年九月二日有楽」と銘が刻まれた有楽好みの石の井筒もあります。この井筒は、珠光《しゅこう》・武野紹鷗《たけのじょうおう》も愛用した京都醒ヶ井六条の名水、「佐女牛井《さめがい》（醒ヶ井）」と同形の井筒です。

如庵●手水鉢と前石
中央に見える手水鉢が、加藤清正が釜山沖から持ち帰った「釜山海」。人の手による加工ではなく、波の浸食によりできた水穴が趣き深い。手前にある大きな前石には銘が刻まれている。

如庵の外観は柿葺《こけらぶき》で入母屋《いりもや》風の屋根になっており、大悔筆の「如庵」の扁額が掛けられています。正面左端には袖壁《そでかべ》が設けられ、大きな丸い下地窓《したじまど》が開けられており、土間庇《どまびさし》を構成しています。この丸い下地窓に相対して躙口《にじりぐち》が設けられ、茶室正面からは躙口が見えない位置関係となっています。正面からは二枚の腰障子が見えていますが、ここは手荷物を置ける場所であり、刀置きなども設《しつら》えられる空間として様々な用途に利用できる小室となっています。

躙口を潜ると、茶室内部は二畳半台目《だいめ》の向切《むこうぎり》の空間で、内部構成は床周辺・点前座周辺・仕切板壁・天井・窓・腰張りなど多くの特徴を指摘することができます。また点前座側からの茶室内部の見え方と、客座側の視点からの茶室内部の見え方にも大きな違いがあり、有楽のこだわりを感じさせます。

床周辺の工夫

今回はまず、たいへん特徴的な床周辺の工夫から話を進めてみましょう。茶事・茶会に招かれた客は、如庵の躙口から席入して床正面に向かう際、床の間が台目幅であるにもかかわらず、とても広く感じることでしょう。床脇に鱗板《うろこいた》という三角形の板が仕組まれており、その三角形の板の一辺に添って壁が立ち上がり、床の間の下座側が斜めの壁となっています（これは「筋違《すじちが》いの囲《かこ》い」といわれています）。この鱗板と塗《ぬ》り廻《まわ》しされた斜めの壁が、黒塗りの床框《とこがまち》からなる床の間と一体となり、如庵独特の品格ある武家好みの床の間を形成しています。これらのデザインが二畳半台目の空間であるにもかかわらず、茶室内部をゆったりと感じさせる一因となっているといえるでしょう。

この「筋違いの囲い」は、茶道口から客座側に目を向けた際、床の間の壁が斜めに開いている形となります。そのため、茶道口周辺のゆとりが創り出され、茶道口からの点前と客座への給仕がたいへんしやすくなるという、使い勝手の面からのメリットも与えられています。このような大胆な床の間周辺の工夫からは、茶の湯に習熟し、主客の動線を十分に理解していたと考えられる茶の湯者・有楽の姿が想像されます。

仕切板壁と天井の工夫

次に点前座周辺の工夫を見ていき

如庵●床

通常よりも高く張られた腰張りなど、特徴的な意匠で名高い如庵。なかでも鱗板と一体を成す床は、そのデザイン性のみならず、給仕の動線にも配慮されており、用と美を兼ね備えている。

ましょう。まず眼に入るのは、点前座の先にある仕切板壁でしょう。炉の先に中柱を立て、板壁に火燈形《かとうがた》の刳《く》り貫《ぬ》きがされ、開放的に光を点前座に採り入れています。一般的な仕切壁は、道安囲《どうあんがこい》や宗貞囲《そうていがこい》に見られるように、正客を含めて客座と点前座が二分するように設けられており、建具が備えられています。

　しかし如庵の点前座先の仕切板壁は、床前の正客の座と点前座を同列に考え、仕切板壁の向こう側の相伴客と座を異にする平面構成となっている、たいへん珍しい形式です。この平面構成の意図するところは、

如庵●点前座・躙口・突上げ窓
茶道口から茶室を見た図。写真右隅にある躙口の上部に設えられた連子窓、突上げ窓からは強い光が入る。対照的に写真左隅の有楽窓からは、限られた光を採り入れる工夫がされている。

天井にも表されています。床前の正客座と、点前座にあたる台目畳の上部にある天井は竿縁《さおぶち》の平天井、相伴客の座の一畳半の天井は化粧屋根裏天井となっています。正客・亭主の座と相伴客の座の天井が異なった意匠で表現されているのです。ここに亭主・正客平等のもとでの茶の湯を意識したと推測できる有楽の茶道観が窺《うかが》えます。

このように仕切板壁と天井の意匠を合わせて茶の湯の空間に変化をつけ、茶のあり方を表現したことは、有楽の巧みな工夫といえます。

このほか点前座先の仕切板壁は、茶室内部の点前座・正客の座・客座と、異なる視点からの多様な見え方を演出します。仕切板壁が一つの結界となり、火燈形の刳り貫きの向こうに客が座り相対すると、亭主と客が板壁を挟み独特な茶の湯空間を創り出します。一度体験すると主客ともに不思議な感覚が忘れられない、ということになるでしょう。またその他の客座からは点前座と仕切板壁が一体を成し、変化に富んだ、侘びた茶の湯空間をそれぞれ楽しむことができるように工夫されています。

適材適所の窓の選択

さらに如庵の特徴として、様々な窓の工夫があげられます。四種類の窓のデザインを大きく変えることにより、茶室内部や茶道口付近の水屋に至るまで採光を意識し、それぞれの窓の位置に合わせた意匠を施すという巧みな工夫です。まず客座側から点前座側を見ますと、勝手付《かってつき》（亭主から見た壁側）の二つの窓の採光が極めて抑制されていることに驚かされます。これが、外側から「詰《つ》め打《う》ち」といって隙間なく揃えて丸竹を打ち付ける、有楽好みとして有名な「有楽窓《うらくまど》」です。有楽窓は野趣に富み採光を抑えた形式で、点前座に落ち着いた柔らかい光を与え、目を向けたときに飽きが来ないという意匠になっています。

一方、点前座側から客座側に目を向けますと、窓が大きく折りかね（L字形）に開けられていることが分かります。この窓は連子窓《れんじまど》で構成されており、意識的に光を採り入れる工夫がされています。点前座側が竹の詰め打ち（有楽窓）であるのに対して、客座側は竹の間隔をあけた連子窓で、主客の座を対照的にしており、有楽の茶室内部の光の扱いの上手さを痛感させられます。

そして、さらに特筆すべきは、化粧屋根裏天井に開けられた突上《つきあ》げ窓（天窓）の存在です。連子窓と一体を成し、デザイン的に纏《まと》められており、実用面でも

如庵●躙口
躙口上の窓はL字形に開けられており、光を多く取り込むことができる。天井は平天井と化粧屋根裏天井とに分けられている。

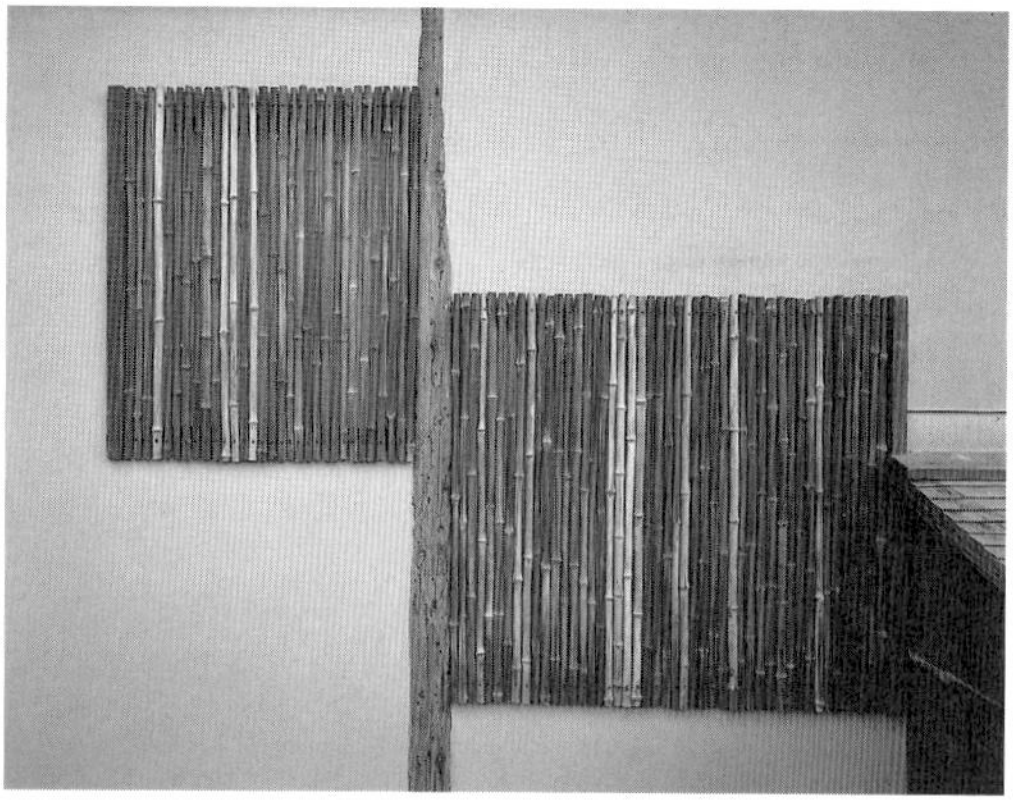

如庵●有楽窓
茶室の外側から見た有楽窓。竹が詰め打ちされており、その隙間からほどよい光が点前座へと差し込む。

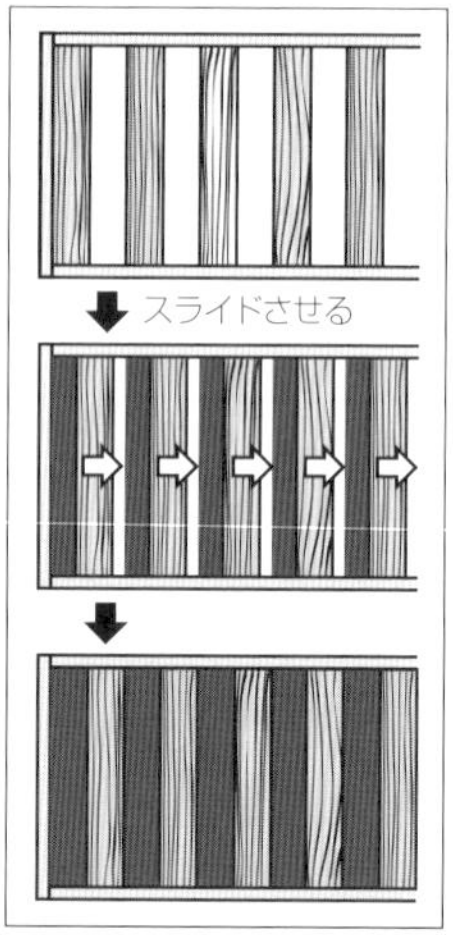

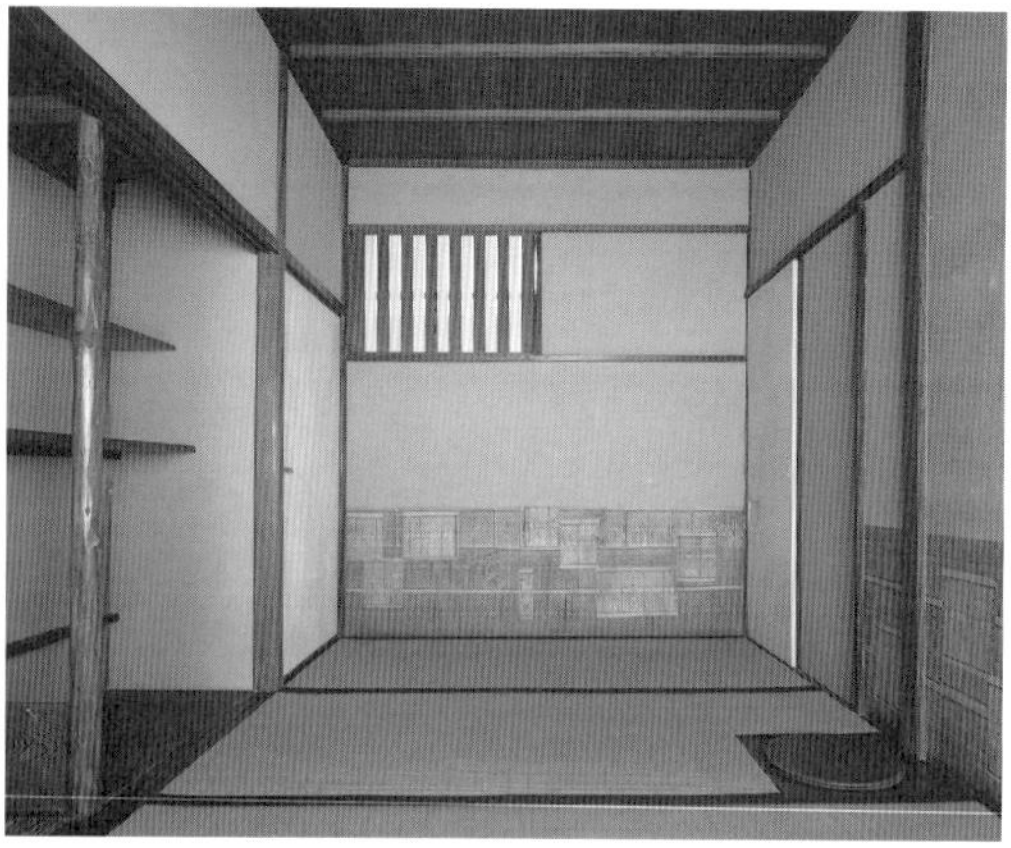

如庵●
水屋と無双窓
水屋の上部に設けられた無双窓(写真中央)は、左図のように板をスライドさせることで、採光と通風を調整することができる。

強い採光を可能にしています。これによって亭主は点前座に客座側からの光を十分に採り入れ、客は点前座側からの抑制された光で点前・道具を拝見することができるという空間構成です。そこまでこだわったからこそ設けることができたのが、茶道口背後の上部にある無双窓《むそうまど》でしょう。無双窓の特徴は、微妙な光と換気の調整が可能な窓として、完全に光を消すこともできます。如庵の水屋では優しい光を採り入れるために上部の隅に設けられています。茶道口を開けた瞬間に水屋からの強い光が差し込まない配慮が成されている訳です。このように四種類の窓はそれぞれ性格が異なり適材適所ともいえる工夫が施されています。

そして窓に関連してもう一つ付け加えなければならないのが、席中の中敷居いっぱいまで腰張りが張られているという点です。これは、いわゆる「惣張《そうば》り」といって、腰張りが通常よりも高く張られており、壁の保護はいうまでもなく、茶室に緊張感を与えています。如庵の腰張りは古暦を使っており、別称「暦張《こよみば》りの席」とも呼ばれるゆえんです。

今日の茶室建築においては、どうしても一面的な意匠が重視されがちです。有楽は茶室や水屋での用途とその意味合いを充分に考えた上で、それぞれの工夫を行っています。そして美しく構成しています。まさに茶室建築の醍醐味といえるでしょう。

如庵は有楽の明確な茶道観と用と美の両面を意識した独創的な工夫から構成されています。建築的な知識だけでなく茶の湯を熟知した有楽の茶趣が細やかに表現された茶の湯空間です。この空間でゆったりとした時間とともに一碗を味わいたいものです。

飛濤亭 洞床の工夫

仁和寺内

所在地●京都市右京区御室大内

❶「開放的な景観」から学ぶ

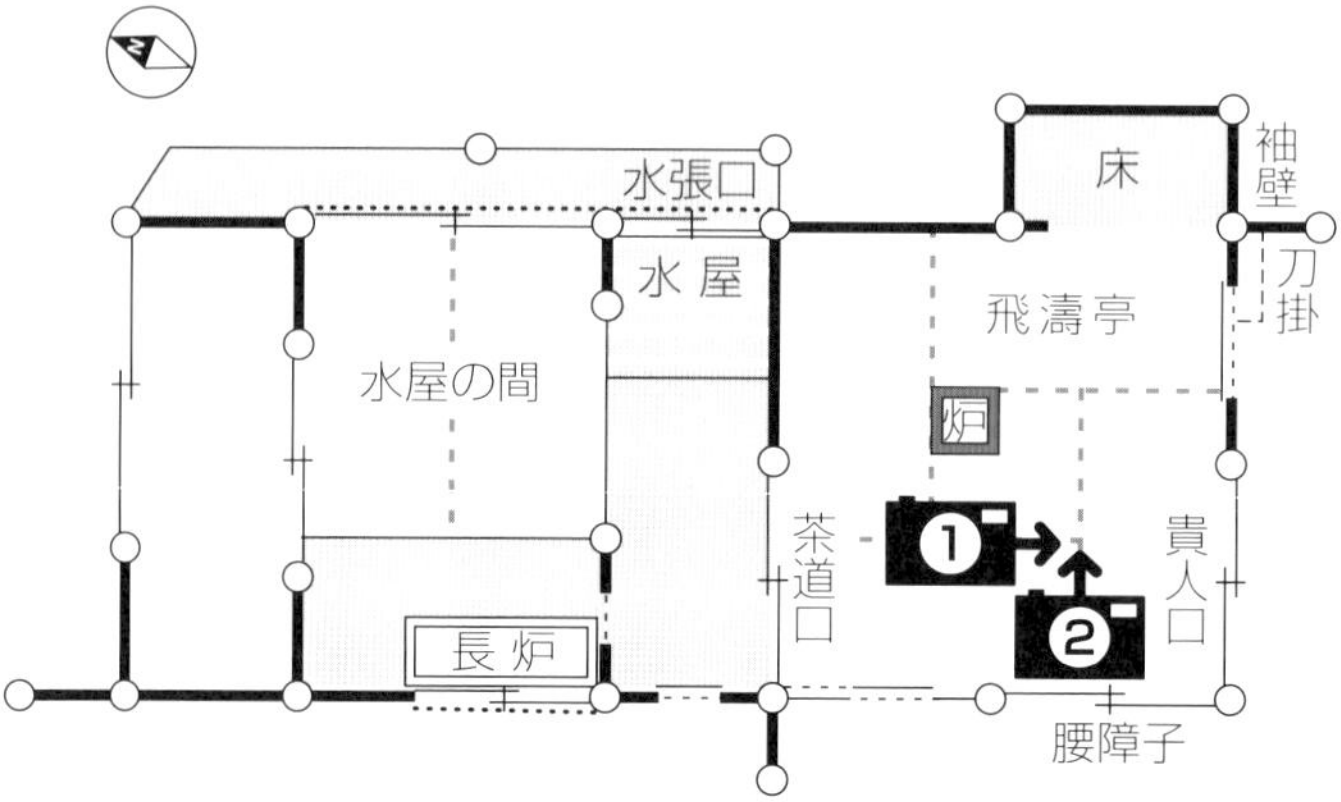

❷「天井」から学ぶ

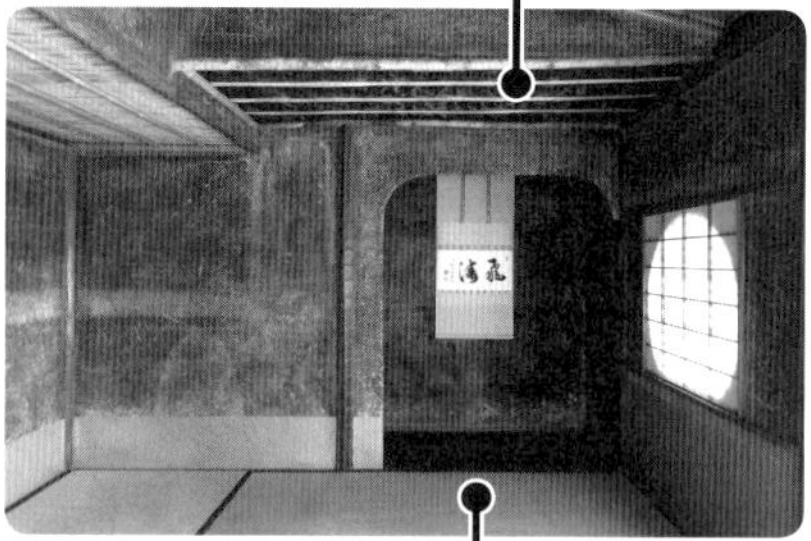

❷「洞床」から学ぶ

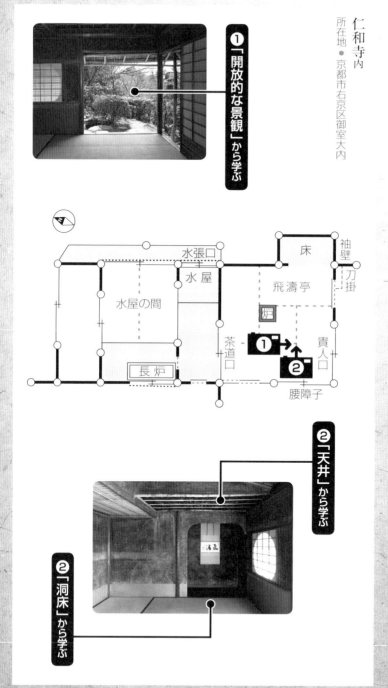

仁和寺《にんなじ》は光孝天皇の勅願によって起工し、宇多《うだ》天皇の仁和四年（八八八）に完成したもので、時の年号にちなんで仁和寺と命名された真言宗御室《おむろ》派の総本山です。

代々、皇子皇孫が入寺し、法親王として世を継がれる門跡寺院で、宇多法皇は当寺西南の地に御室を営み御座所《ござしょ》とされました。「室」は、僧房を意味します。

飛濤亭《ひとうてい》は、宸殿《しんでん》などの殿舎と異なり明治二十年（一八八七）の火災から免れ、寺伝では「光格天皇ご遺愛の席」と伝えられています。寛政期（一七八九〜一八〇一）頃、光格天皇と兄弟関係にあった深仁《しんにん》法親王が当時の門跡として座していたことから、たびたび行幸されていたのでしょう。このように立地を含めて楽しむ茶の湯空間は、規模は異なりますが、修学院離宮《しゅがくいんりきゅう》の上の茶屋の隣雲亭《りんうんてい》などと同様の貴族的な発想が認められます。仁和寺の『御室御記』には、元禄三年（一六九〇）加来道意、白井童松らの庭師が作庭に従事していたことが伝えられています。

仁和寺の宸殿《しんでん》から眺める飛濤亭は、心字池《しんじいけ》（「心」の字をかたどって作られた池。桂離宮のものなどが特に著名）を隔てた築山《つきやま》にあります。茅葺《かやぶき》の鄙《ひな》びた姿と、その背後にある江戸初期の歴史を伝える五重塔が同時に目に飛び込んできます。宸殿からの景観として飛濤亭が重要な位置に建てられており、また反対に、飛濤亭から池を隔てて宸殿のある方向を眺めたときにも開放的な景を楽しめる場所を選定して建てられています。

飛濤亭の外観は入母屋造《いりもや》茅葺屋根で、とくに茶席部分には柿葺《こけらぶき》の庇《ひさし》を二方に廻らせています。土間庇《どまびさし》の足元の三和土《たたき》には、赤と黒の小石を散らしています。

宸殿から見る
飛濤亭と五重塔

五重塔の手前に見えるのが飛濤亭。茶室の貴人口と腰障子を開け放すと、開放的な庭の景が広がる。

飛濤亭●貴人口と腰障子

茶道口から見た飛濤亭の茶室。貴人口と腰障子を開け放すと、開放的な茶室空間が現れる。

これも隣雲亭に通ずる手法として考えられます。露地には大振りな手水鉢《ちょうずばち》と前石、簡素な石燈籠《いしどうろう》が設《しつら》えられており、飛石が蹲踞《つくばい》から動線よく打たれ、刀掛《かたなかけ》と貴人口《きにんぐち》へと導いています。

建物内部は四畳半敷で、南側は貴人口となっており、腰障子を二枚設けています。貴人口の東側には袖《そで》壁《かべ》を付けています。この南側の壁面には円形の下部を直線にした下地窓《したじまど》が開けられており、入隅《いりすみ》には刀掛が備えられています。円形の下地窓は日輪を表し、席中、窓越しにシルエットが見える二重の刀掛を霞《かすみ》に見立てた遊び心ある意匠ともいわれています。

西側には二枚の桐板の腰障子が設けられていますが、ここには沓脱石《くつぬぎいし》は置かれていません。四枚の腰障子が折りかねの大きな窓に見立てられ、開放することにより、高台の茶屋としての機能性を高めています。

洞床の工夫

飛濤亭内部は四畳半敷です。まず床の間正面に座りますと、野趣ある造形意匠と、温かみを感じさせる土壁の表現に圧倒されます。床の間は東側南寄りに設けられており、幅は台目《だいめ》、奥行き二尺五寸（約七十六センチ）ほどで框《かまち》を略した踏込床《ふみこみどこ》とし、栗のナグリの床柱より五寸ほど内側を上まで塗《ぬ》り廻《まわ》し、落し掛けも省略した洞床《ほらどこ》の形式です。壁は洞床を含めて長スサ入りの錆壁《さびかべ》（鉄粉を混ぜて塗られた土壁。塗った後に錆が発生するため、独特の雰囲気を持つ）としています。

洞床とは、その名の通り洞穴のように見えるところからの名称で、落し掛けが省略され、壁や下がり壁が半円・弓形ですべて塗り廻しになっています。また、

飛濤亭●床

飛濤亭の床は、洞床になっているのが大きな特徴。床柱は栗のナグリ。写真右手の円形の下地窓は、下端のみ直線で切り取られている。

塗り廻された開口部は蛤端《はまぐりば》（蛤の合口の先端のように筋が通った形状）のように丸味を付けて仕上げられることもあります。天井は鏡板張《かがみいたば》り（一枚板を鏡のように平らに削って張った天井）とすることが多く、床の内壁は入隅まで塗り廻し（袖壁で隠れた下座側が楊子柱となっている）、中央に軸釘が打たれています。飛濤亭の床のように床框を省略して踏込床の形式とすることが多いのですが、床框なども略さず洞床とすることもあります。また、床柱を省略した形式の洞床も見られます。

洞床は、開口部分と壁面のバランスがたいへん重要で、床柱から壁面をどのくらいの幅と高さに塗り上げるかがポイントとなります。また半円・弓形の土壁の塗り廻しも重要で、茶室の雰囲気を大きく左右することになります。床の間の間口や奥行き、床の天井の高さや茶室内のバランスなど、多くの要素を考慮して床の間の意匠が決められます。

飛濤亭の洞床は、その意味でも十分に考慮された模範的な洞床です。侘びの造形意匠を強く感じさせてくれる極めて重要な空間といえます。

飛濤亭の天井は床前の貴人畳《きにんだたみ》の上が白竹竿縁《さおぶち》にクロベ片木《へぎ》の網代《あじろ》張り、廻縁《まわりぶち》は樫《かし》の皮付と竹を用いています。点前座の上は竹の竿縁に蒲《がま》の落《おち》天井で廻縁は竹と赤松皮付丸太とし、相伴客の座の上は隅木《すみぎ》を入れて竹垂木《たけたるき》、竹木舞《こまい》にクロベ片木を組み入れた化粧屋根裏天井の形式で、一席の中で、いわゆる真行草に分けられる天井形式となっています。飛濤亭は、洞床、長スサ入錆壁、真行草《しんぎょうそう》の天井構成という草庵風の侘びた形式をあえて貴人口を備える四畳半に取り入れています。これは、侘びの造形の中に格式ある造形を加味することで閉鎖的な草庵の意匠と開放的な茶屋の意匠とを融合させるという、貴族好みの品格ある遊びの工夫となっています。飛濤亭は、席入して床に向かって着座したときの暗く、重々しく、閉鎖的な感覚から、床を背にして着座したときの明るく、軽やかな開放的な感覚に一変するという二面性を備えた面白い空間になっています。席入して体験することがなかなかできないのが、たいへん残念です。

北側の茶道口は二枚の湊紙《みなとがみ》（和泉国《いずみのくに》湊村で創製された鳥《とり》の子《こ》紙の一種）張りの太鼓襖《たいこぶすま》となっています。水屋側は茶道口付近から半間《はんげん》幅で板の間があり、西側に下地窓、東側に水屋流しがあります。水屋の間は二畳の畳と一畳分の板敷きで構成されており、土間付の勝手口が設けられ、水屋方にはたいへん便利な出入口となっています。また今では見ることが少なくなった、懐石の準備などの際に有効な長炉《ながろ》や、水屋への水桶の運び入れのための水張口も備えられています。

洞床の工夫の応用例

最後に床の間の実践的工夫として、洞床を利用し、デメリットをメリットに変えた工夫をご紹介します。最近ではたいへん多くなったビルの中の茶室の実例です。堅固な構造であるビルの中に、木造の、しかも繊細な建物である茶室を造作することは、様々な制約を受けることになります。例えば、建築基準法などによる法的規制はもちろんのこと、ビルの構造上どうしても必要なコンクリートの柱をどのように隠すか、炉壇《ろだん》を使用するため、床下や天井の高さ関係の制約をどのようにクリアするか、露地を造れば防水処理などにも気を配る必要があります。

その一例として、コンクリートの大きな柱を隠すことから工夫された、八畳茶室の床の間をご紹介します。この床の間は、洞床のように工夫を凝らすことで、ビル特有の大きな柱を隠しています。そして八畳の床の間としても調和がとれるように塗り廻しの壁を上手に取り込んだ形としています。また床の間脇には、一間幅の物入が収納スペースとして設けられています。もし収納スペースを少し犠牲にすることができれば、床の間口を広げることや、床の位置を変えることと、あるいは物入を反対側のコンクリートの柱側に設けて目隠しとすることも可能だと思います。

茶室は繊細な建築物だけに上手に大きな柱を隠してやることが重要となります。洞床はデザイン性に優れた壁面の造形美といえ、その意味でも面白い実例です。名席の意匠から学び、伝統建築と現代建築との融合によって、デメリットをメリットに変えた好例としてあげられると思います。

ビル内に設けられた八畳茶室の床の間

壁裏にはコンクリートの柱が立っているが、洞床にすることで巧みに隠している。伝統的な意匠を現代の建築事情のなかで上手に取り入れた好例。

遼廓亭 ずれの美学と工夫

仁和寺内
所在地●京都市右京区御室大内

❶「如庵との差異」から学ぶ

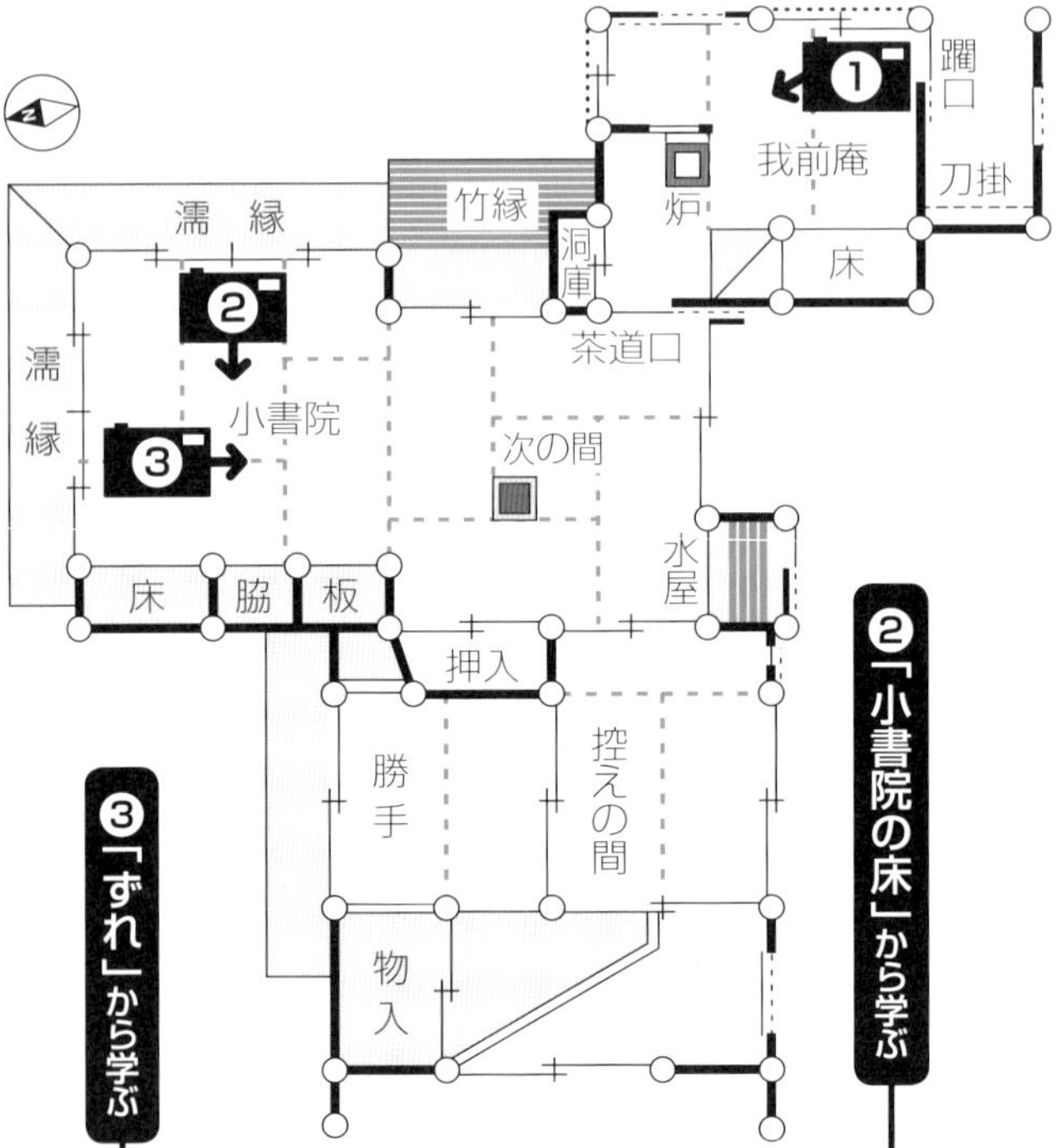

❷「小書院の床」から学ぶ

❸「ずれ」から学ぶ

仁和寺《にんなじ》の遼廓亭《りょうかくてい》は画家の尾形光琳《おがたこうりん》の好みと伝えられています。光琳は東福門院《とうふくもんいん》（一六〇七～七八。後水尾天皇の中宮で名は和子。徳川秀忠のむすめ）御用達の呉服商、雁金屋《かりがねや》宗謙の第二子であり、陶工として名高い尾形乾山《けんざん》の兄にあたります。宗謙は富裕で、本阿弥光《ほんあみこう》悦《えつ》とも縁があり、書画をよくし、能楽をたしなんだ人物でしたが、貞享《じょうきょう》四年（一六八七）、光琳三十歳の時に没しています。

　遼廓亭の建物構成は、我前庵《がぜんあん》（一六八八年頃創建）と呼ばれる二畳半台目《だいめ》の茶室と、四畳半二室続きの小書院（主室）と次の間（水屋の間）より成り、それに勝手まわりの二畳二室と玄関が後に付加されて現在の姿となっています。屋根は杮葺《こけらぶき》で寄棟《よせむね》（中央の棟から四方向に傾斜する面を持つ構造。四注《しちゅう》とも）と片流《かたなが》れ（一方向のみに傾斜する屋根）が組み合わされて複雑な構成を呈していますが、たいへん美しい外観に纏《まと》められています。また躙口《にじりぐち》外の袖壁《そでかべ》と土間庇《どまびさし》、そして四角い下地窓《したじまど》（如庵では丸い下地窓）に丸竹を使用したものは、割竹を使用した格狭間《こうざま》型の窓とともに、光琳窓と呼ばれる遼廓亭の特徴の一つです。

　我前庵は元和三年（一六一七）頃、織田有楽《うらく》が建仁寺正伝院《しょうでんいん》に好んだ二畳半台目の如庵《じょあん》を光琳が写したという説が有力です。我前庵は、ほとんど如庵と同様のデザインとなっています。二畳半台目で炉先に仕切板壁、床脇に鱗板《うろこいた》を入れ、これに伴い壁面も斜めにして床の間脇の開口を広げ、茶の湯の使い勝手にかなった巧みな収まりとなっています。床柱は辛夷《こぶし》（香節とも書く）丸太を皮付に残してナグリが施されており、床《とこ》框《がまち》は、如庵は黒塗りですが、我前庵では木地のものが入れられています。

遼廓亭●我前庵

遼廓亭内にある如庵写しの茶室・我前庵。如庵とは茶道口の形状や腰張りが大きく異なる。また写真中央にある点前座側の二ヶ所の窓も、如庵とは異なり連子窓となっている。

また点前座の洞庫《どうこ》、その上の窓、東側の下地窓と連《れん》子窓《じまど》、南側の躙口とその上の連子窓、天井の突上《つきあ》げ窓など、ほとんど如庵と同様ですが、点前座側の二ヶ所の窓が竹の詰《つ》め打《う》ちの有楽窓《うらくまど》ではなく連子窓となっており、席中に光を一層多く取り込む工夫が成されています。さらに茶道口が、如庵の方立口《ほうだてぐち》の形から火燈口《かとうぐち》の形へと変えられていることなど、有楽と光琳の好みの相違が窺《うかが》えます。

「ずれ」の工夫

如庵の写しの北西には、主室と次の間から成る四畳半二室が半畳の半分（小間半《こまなか》）ずれて接続されています。二室のずれによって生じた東壁面には、下部に細長い障子を嵌《は》め込んでいます。この二室の間には敷居や鴨居《かもい》が備えられていません。もちろん襖《ふすま》や障子もありません。ここには細い丸太を一本通して、天井との間に板欄間《いたらんま》を入れています。

通常の建築では、二室続いた部屋の境に敷居や鴨居を設けることが多く、設けなければ二室を一室にまとめた空間とすることが一般的です。しかし、光琳の好んだ空間は、二室の四畳半にあえて境を設けず、二室を個別に、あるいは一体として使用できるような、たいへんユニークな工夫が成されています。二室の天井の高さを変化させ、小間半ずらした配置によって、それぞれの部屋を区分しながらも、広間のような空間の拡がりを意識した空間構成が、二つの四畳半に込められているのです。

主室となる小書院の北側と東側は四枚の腰障子が立てられ、この外側に濡縁《ぬれえん》が二方に廻されています。この建物は床高《ゆかだか》がたいへん低く、軒が深く出されています。部屋の西側には床の間と地《じ》袋《ぶくろ》のある床脇が一段高く収められており格調を高めています。床の間は蹴込床《けこみどこ》の形式となっており、床柱は栗で全体に手斧目《ちょうなめ》を施しています。この柱はどことなく如庵の床柱を思わせ、如庵写しの我前庵ではなく、あえてこの四畳半の床柱に採用したことに対して想像が大きく膨らみます。床の間の奥行きは浅く、内部はスサ壁で入隅《いりすみ》を塗《ぬ》り廻《まわ》しにしています。また床の間の廻縁《まわりぶち》は、正面にのみ、やや太めでえくぼのある磨丸太を使っており、ここに短い軸釘が打たれています。また廻縁下にも軸釘

遼廓亭●小書院・床
遼廓亭内に二つ並ぶ四畳半のうち、北側にある小書院。向かって右（北側）から床、脇、地板と、床の間の構成が三段階の高低差を持ち、これも「ずれ」の意匠といえる。写真右手には腰障子が備えられている。

が打たれています。床の間周辺の構成は、北側から床板の高さを三段階に変え、全体で一間半（約二七〇センチ）の間口に纏《まと》められています。

地袋の南には以前、開き襖があり、勝手への通口《かよいぐち》となっていたと伝えられています。現在では襖は取り除かれ、奥に壁が付けられています。

次の間（水屋の間）の西側は、控えの間への出入口の襖二枚とその隣に押入の襖二枚、東側には我前庵への出入口の腰障子が備えられています。西側勝手へ通じる襖二枚と押入の襖には、光琳好みと伝えられている短冊形の引手が付けられていま

遼廓亭●
小書院から
次の間を見る
小書院から見て南側には次の間が備えられている。二間の「ずれ」により生じた空間には、細長い障子が嵌め込まれている。

す。南側は一間の出入口に腰高障子が二枚入れられ、その上部中央に欄間窓《らんままど》が開けられています。その右に半間の水屋流し、水張口、隅棚、袋戸棚が備えられています。この水屋流しには障子が嵌め込めるように工夫されており、使い方に応じて水屋流しの存在を隠すことができます。水屋棚を目隠しする障子は、敷居と床板との間にわずかの隙間が開けられており、障子で水屋を隠しながら、下から茶碗や建水を出し入れできる工夫がされており、簡易に水屋を使うことができます。この四畳半には炉が切られており、釜蛭釘《かまひるくぎ》（釣釜を掛けるために天井に取り付けられた釘）も打たれています。四畳半二室の間に建具が備えられていないだけに、茶室に水屋を取り込むという、場合によっては「見せることのできる水屋」の工夫がされています。

四畳半二室を使用する時には、この水屋の障子が書院の障子を思わせるデザインとなっており、効果的に光を採り入れる役割を果たしています。そして我前庵を使用する時には水屋の障子を外し、控え釜を備えた水屋の間として、あるいは懐石などは主室の四畳半を使用し、我前庵で濃茶を楽しんだのかもしれません。しかし何といっても、二室をずらすことによって奥行きと広さを自然に感じさせるという空間創りを考案した点は、意表を突いた高度な工夫といえます。

このデザイン性と平面構成は、光琳の独特なもてなしの空間として、様々な使い方で客を迎えることができる優れた工夫であり、多くの可能性を示唆しています。

ずれを現代に活かす工夫

最後に、ずらすことによって創り出される空間の工夫として、四畳半の床の間の工夫を紹介しておきます。左の写真の茶室は通りに面し建てられている蔵を改造したもので、床の間のスペースを充分に確保できなかったといいます。奥行きの浅い床の間すら設ける余裕がない場合には、せめて壁床《かべどこ》として掛物を掛けられるようにすることが一般的です。しかしこの四畳半の床の間は少し細い床柱を立て、床框を据え、落し掛けを斜めにずらして設けることでわずかな床の間の奥行きを作り出しています。また床框の上場を可能な限り化粧として見せることで、略式の板床を思わせる工

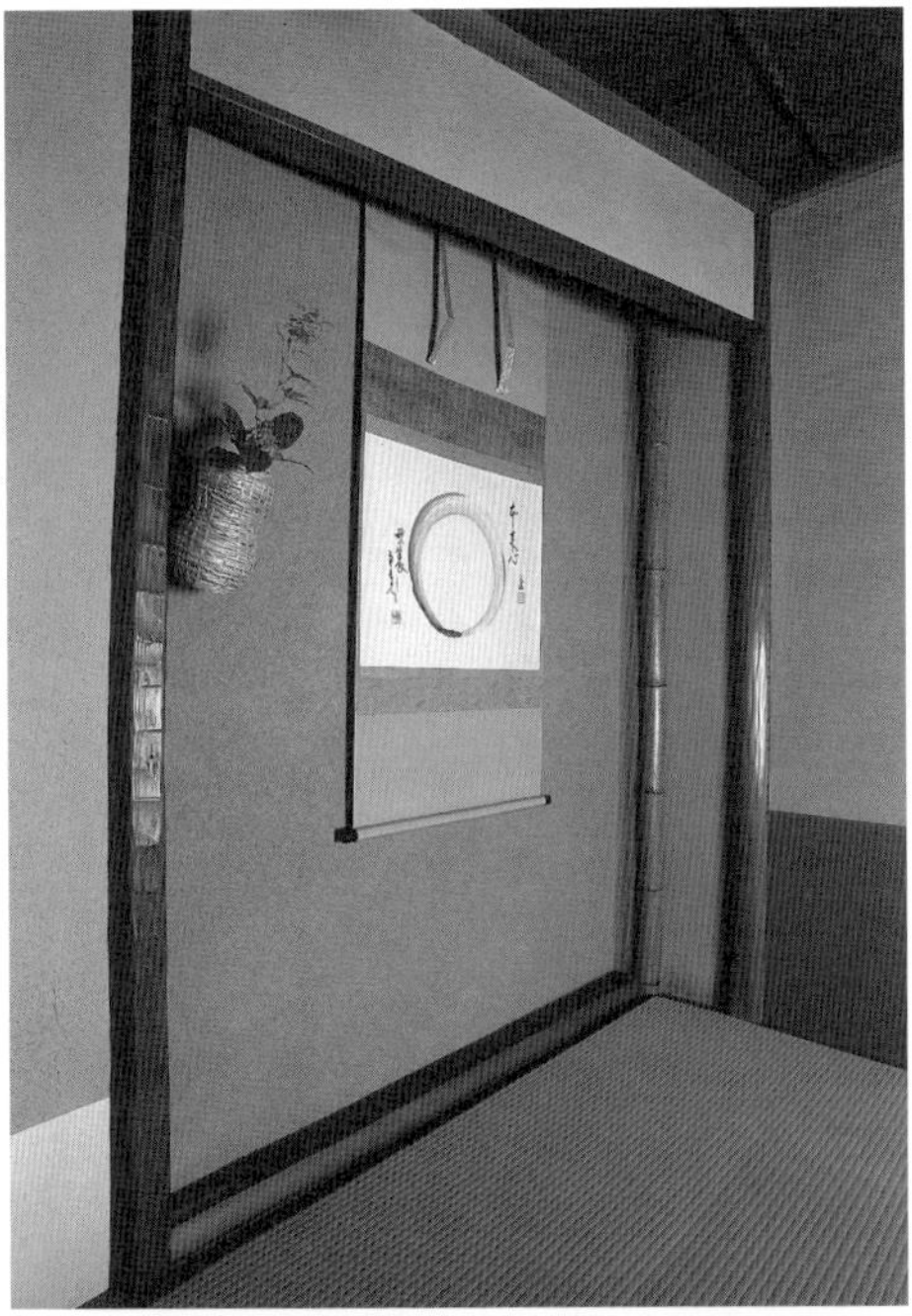

ずれを巧みに取り入れた現代の床の間

落し掛けを斜めに「ずらす」ことで、限られたスペースに奥行きをもたらした床の間。建築上の制約を、独創的な工夫によって解消した好例。

夫となっています。これによって床壁面の落し掛け越しに掛物が掛けられ、床柱に花入を設《しつら》えることが可能となります。ずらすことによって創り出された、空間を巧みに利用した興味深い工夫といえます。壁床しか設けられないほどの限られた空間に茶室を造作する場合、茶室の広さや意匠性を考慮した上で、応用できる工夫の一つといえるでしょう。

厳しい建築条件の中であればこそ、茶事・茶会や稽古のために必要不可欠な意匠や工夫が考え出されることが多いと思います。茶の湯空間の適所に独自の工夫を考え出し、それを形にし、しかも綺麗に収めるには、やはり茶の湯と、用の美の空間である茶室にも習熟していることが条件になることでしょう。

金地院茶室

躙口と水屋の間の工夫

金地院内
所在地●京都市左京区南禅寺福地町

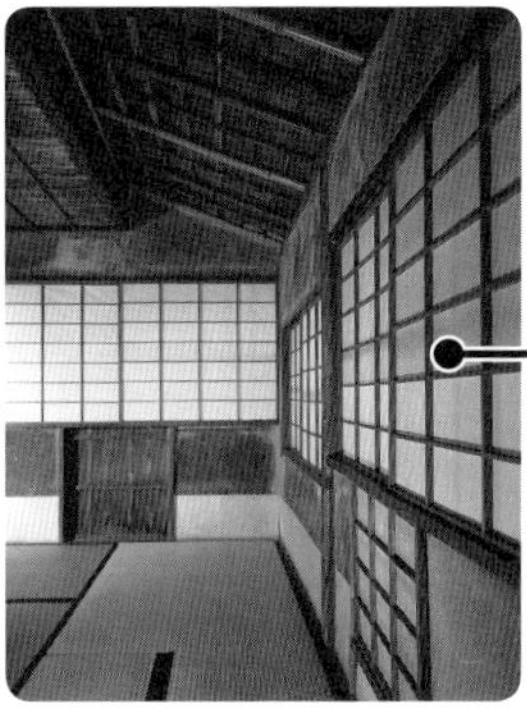

❶「躙口」から学ぶ

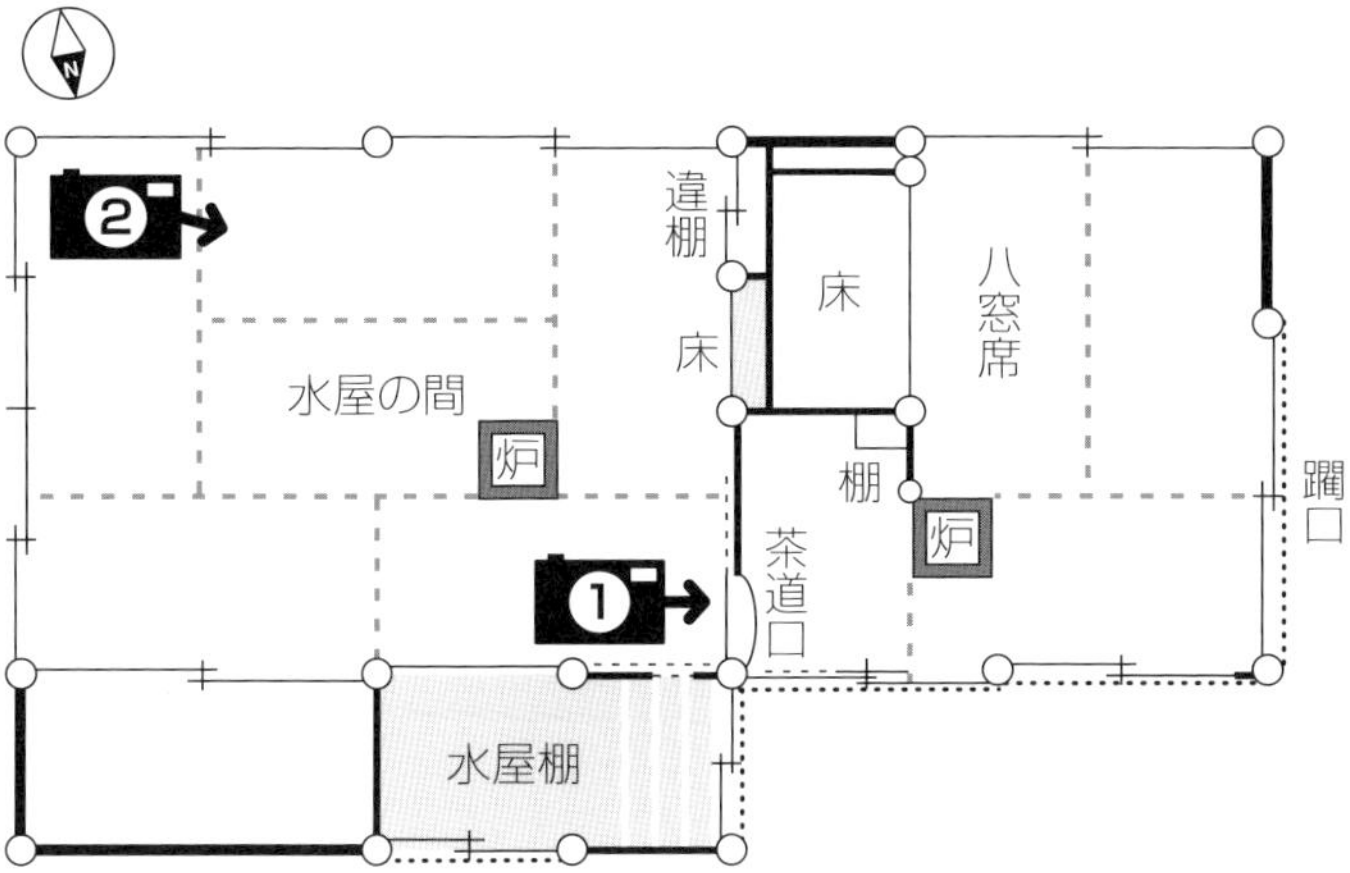

❷「水屋の間」から学ぶ

南禅寺塔頭・金地院

金地院《こんちいん》は南禅寺の塔頭《たっちゅう》で、応永《おうえい》年間（一三九四～一四二八）、足利義持《よしもち》（一三八六～一四二八。室町幕府四代将軍で三代義満の長子）の帰依《きえ》で、洛北の鷹峯《たかがみね》に創建されました。

慶長元年（一五九六）、以心崇伝《いしんすうでん》（一五六九～一六三三。江戸初期の臨済僧）によって現在の地に移され、慶長十年に崇伝が南禅寺の住持となってから、寺の復興が本格化します。

崇伝は徳川家康の信任が篤《あつ》く、外交関係の事務一切を管轄し、寺院法度《じいんはっと》、禁中並公家諸法度《きんちゅうならびにくげしょはっと》なども起草し、「黒衣《こくえ》の宰相《さいしょう》」として政治的な活動をしています。寛永三年（一六二六）十月、崇伝は後水尾《ごみずのお》天皇より円照本光国師の号を授けられ、『本光国師日記』や『異国日記』などの著作を残しています。

金地院茶室とは

金地院の茶室は、寛永四年頃、小堀遠州《こぼりえんしゅう》によって好まれた茶室と伝えられています。

内部は三畳台目《だいめ》で椿の中柱が立つ台目構え。台目畳の入隅《いりすみ》には二重棚（雲雀棚《ひばりだな》）を備えており、袖壁《そでかべ》に設けられた下地窓《したじまど》は、軽快さを醸《かも》し出して点前座と客座の一体感を強調しています。炉は台目切に切られており、床の間と点前座を同列に並べ客座と相対しているのが特徴です。点前座と床の間が並ぶ形式は、ほかに遠州作とされる密庵席《みったんのせき》でも密庵床と点前座が並び、また大徳寺孤篷庵《こほうあん》にある忘筌《ぼうせん》でも同様の配置になっていることから、遠州の好みとしてあげられます。

床柱は赤松皮付丸太。下部が皮付で、上部はナグリが施されています。相手柱には櫟《くぬぎ》の皮付丸太、床框《とこがまち》は黒塗り角框で構成され、床の間左壁に墨蹟窓《ぼくせきまど》が開けられています。南側に隣接する書院側から意識的に離して相手柱を一本立て、床柱とともに床正面に二本の柱の存在を強調し、床の間の重みを演出しています。

茶室の外壁には三つの連子窓《れんじまど》と一つの下地窓が設けられています。躙口《にじりぐち》の上部と点前座背後の壁いっぱいに大きな連子窓があり、開口部が多く、広いことで明るい茶室となっています。茶室内の壁が黒っぽいこともあり、明るさが際立ちます。これも遠州好みの特徴といえるでしょう。また、点前座背

金地院茶室●
床・点前座
床柱はナグリが施された赤松の皮付丸太。相手柱には櫟が用いられている。椿の中柱が立ち、南側は平天井、北側は掛込天井の構成となっている。

後の下地窓のように高い所と低い所と二段に窓を開けることも、遠州の作例に見られます。

このように遠州は採光を多くするというだけではなく、茶室内部の壁面構成の面白さも考慮しています。また、白一段の腰張りを茶席内部に巡らし窓の大きさとの均衡を図っています。これは茶室外壁の躙口の戸尻側にあたる所にも白の腰張りが張られており、この腰張りが内部へと導入され、床脇の太鼓襖《たいこぶすま》とともに茶席内部のデザインに大きな役割を果たしています。ちなみに、金地院の茶室は「八窓席《はっそうのせき》」とも呼ばれていますが、墨蹟窓と袖壁《そでかべ》の窓を合わせてもなぜか六窓しか存在しません。

天井は蒲《がま》の平天井と掛込《かけこみ》天井からなり、蒲天井は竹の竿縁《さおぶち》が床指《とこさ》し（天井の竿縁を床の方へ向け垂直に配列する手法）となっています。また、点前畳先の、道具を据え置く道具の座の上の天井まで、この蒲の平天井が客座から延びている、たいへん珍しい構成となっています。

躙口の工夫

金地院茶室の躙口の特徴は二つあげられます。躙口は一般に、床の間や茶道口との位置関係、空間を侘びた意匠に纏《まと》めるためといった理由から、茶室の隅に開けられることが多いのです。しかし金地院茶室の躙口は中央寄りに開けられています。

これは間取りと関わりがあり、客の動線を配慮してのことと考えられます。このように躙口が中央寄りに位置していれば、席入した客が床の間の方へ進めば貴人座《きにんざ》となり、下座側に進めば相伴の座となります。これは貴人座と相伴の座とに座を二分する役割を果

金地院茶室●

茶道口から見た躙口（上）

躙口が中央寄りに設けられている。また、躙口の上部から北側の壁にかけて大きな連子窓が開けられており、茶室に開放感と明るさをもたらすことができる。点前座の背後にあたる箇所（写真右下）のみ連子窓の下に下地窓が開けられている。

外から見た躙口（左）

上の写真と反対方向から、躙口を見る。客は、縁から躙口を潜るようになっている。

たしており、古田織部《おりべ》が考案した相伴席をさりげなく席中で実現させた巧みな工夫です。

そして、天井の構成もこれに合わせて平天井の部分が貴人座、掛込天井の部分が相伴の座となるように設けられています。

もう一つの特徴は、躙口の外側に縁《えん》が設けられており、縁から茶室に躙り入る形式となっていることです。この構成は遠州が好んで採用していた方法で、露地からの席入の際には風雨を避けることができ、書院からの省略した席入も可能にするという客に対して配慮した工夫といえます。実際に縁に上がり躙口の前に座ると、躙口が正面に位置し、大きく見えて潜りやすく感じられます。

水屋の間の工夫

三畳台目の茶道口を出ると、六畳余りの水屋の間があり、北側に水屋棚が備えられています。簡素な竿縁天井の座敷で、床と棚は茶室の床の背後の浅い空間を利用しています。この趣向も遠州の指図と考えられます。これは押板式の床のように、天袋《てんぶくろ》、地袋《じぶくろ》の間に違棚《ちがいだな》と通棚《とおしだな》を仕付けた棚構えで、遠州らしさが感じられます。水屋の間であり、茶の湯の準備をする空間ですが、同時に茶の湯を気軽に楽しむという雰囲気を感じさせてくれる空間です。

古様では勝手で振る舞いが行われていたように、設《しつら》えられた茶室だけでなく、この空間でも掛物が掛けられ、花が設えられ、整えられた裏方で茶が楽しめるように工夫されています。この水屋の間は居間と接していたと伝えられており、日常生活の中で茶室と居間の中間に位置し、茶事・茶会だけでなく奥向きの茶として上手な空間利用がされていたと思います。現代の茶室建築において造作する場合、水屋は茶の湯の準備をする空間としてのみ考えがちですが、茶の湯を楽しむということから考えると、多様性を秘めた独自の水屋空間が将来に向けて創造されていっても良いように思われます。

現代の躙口の工夫

最後に茶室の出入口の工夫として一つご紹介します。最近は建築様式の変化から、茶室の広間・小間の出入口にサッシュが備えられていることが多いと思います。茶事・茶会で席入や退席の際、サッシュのレールで足が痛くないように、また着物を汚さないように

金地院茶室●水屋の間
この茶室には水屋の間にも床が設けられているため、裏方で気軽な茶を楽しむことができる。

などの配慮が成されていれば心地よい工夫と感じられることでしょう。

　サッシュの形状によって若干の違いはありますが、サッシュの幅全体を上から覆うような形のもの、またはサッシュの溝の部分に棒状の埋木《うめき》をして平らにする方法などがあります。いずれも敷居に使用されている材と同様の材でつくることが多いです。また躙《にじ》って出入りすることから、正面は角が丸くやさしい形状のものにすることや、手をついても違和感を覚えないように工夫することも大切です。そしてサッシュという日常的に目にするものを隠すことにより、非日常的な茶の湯の空間に露地から誘うという役割を果たします。

　茶室の出入口は一会の始まりと締めくくりとなる場所であり、もてなしの心配りが特に大事な場所となります。

現代の茶室の工夫

この茶室の出入口は、普段はサッシュを備えているが（写真上右）、埋木をはめこむことにより、躙って出入りすることが可能となる（上左）。ひざを滑らせやすいよう、なめらかな曲線を描いたフォルムにするなど随所に工夫が散りばめられている。

撮影協力／NPO法人　MUSEUM李朝

燈心亭

素材の取り合わせと勝手の工夫

水無瀬神宮内

所在地● 大阪府三島郡島本町広瀬

①「天井の素材」から学ぶ

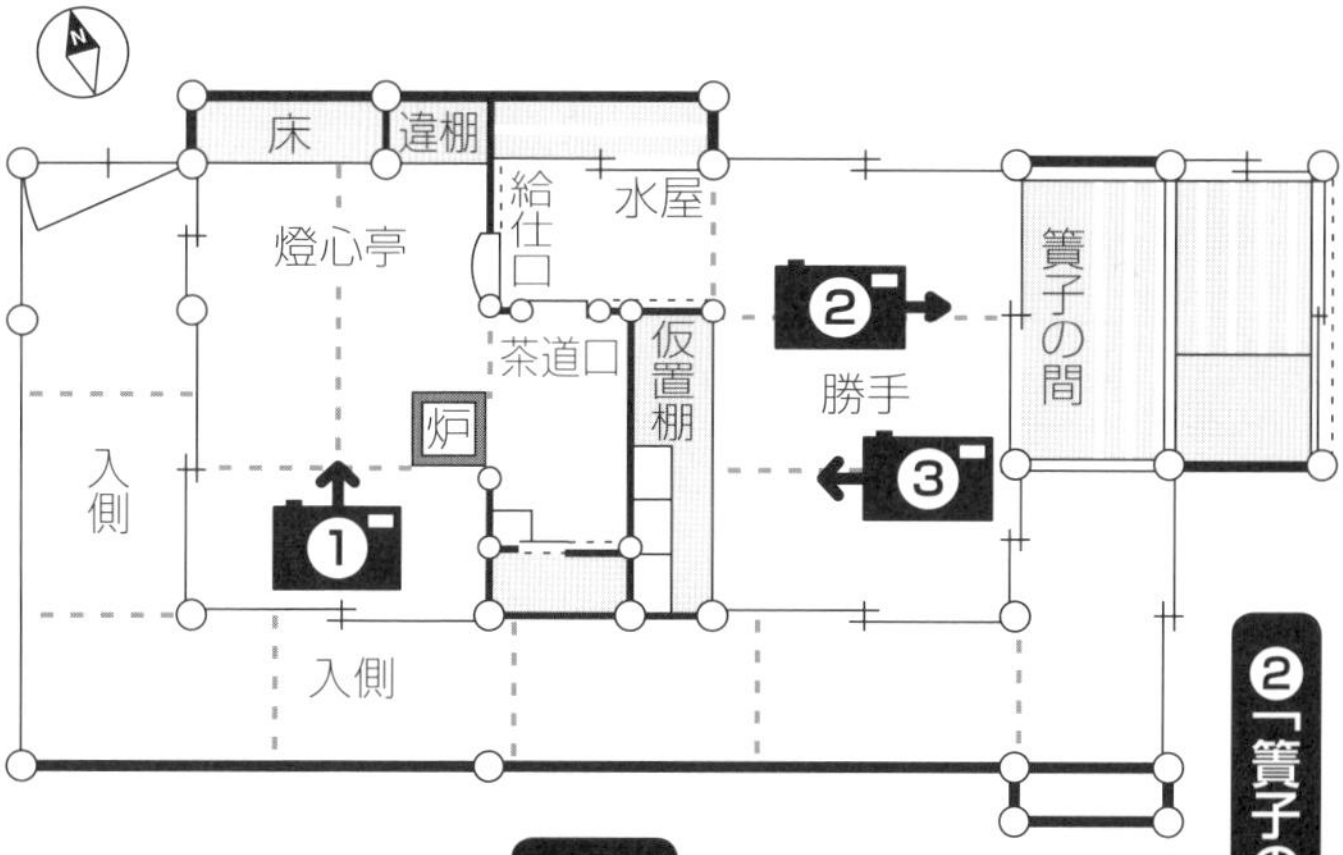

②「簀子の間」から学ぶ

③「仮置棚」から学ぶ

水無瀬神宮《みなせじんぐう》は後鳥羽《ごとば》上皇（一一八〇〜一二三九）造営になる水無瀬離宮が建てられていた地に建立されています。淀川の近くにあり、京都から舟でたびたびこの地を訪れたと伝えられている後鳥羽上皇は、鎌倉幕府に対して倒幕の兵を挙げましたが、幕府の大軍に敗れました（承久《じょうきゅう》の乱）。結果、後鳥羽上皇は隠岐《おき》に、順《じゅん》徳《とく》天皇は佐渡《さど》に、土御門《つちみかど》上皇は土佐に流され、いずれも遠隔の地で崩御しました。崩御の後、菩提を弔うため、この離宮の地に水無瀬御影堂が建てられましたが、この御影堂は文禄五年（一五九六）の地震で倒壊し、明正《めいしょう》天皇在位時の内侍所を賜ることとなり、後水尾《ごみずのお》院、後光明《ごこうみょう》院、東福門《とうふくもん》院らの後援を得て再興を成し遂げました。その後、水無瀬神宮と称されて大阪府では唯一の神宮として現在に至っています。

茶室・燈心亭

燈心亭《とうしんてい》は水無瀬神宮の境内にある水無瀬家に伝えられてきた茶室で、後水尾上皇から下賜されたものと伝えられています。また、この地をよく訪れた後水尾上皇遺愛の茶室としても広く知られています。

燈心亭の外観は茅葺《かやぶき》の寄棟造《よせむねづくり》で、田舎家風の建物が独立して建てられています。この茶室は修学院離宮《しゅがくいんりきゅう》の茶屋などと共通する貴族的な遊びの意匠が所々見られます。外観では特に正面と背面の意匠が大きく異なり、整えられた正面に比べ、背面は野趣に富んだ独特な遊び心を思わせます。四本立った捨柱が土間庇《どまびさし》を形成しており、後水尾上皇の拘《こだわ》りと好みを感じさせます。

燈心亭の内部は三畳台目で、点前座を南側の客座寄りに配置して茶道口のほかに給仕口が設けられるようにエ夫されています。その結果、茶道口と給仕口は直角に配され、給仕口が床前に向かうという特色ある構成となっています。茶道口にはわずかな板壁を隔《へだ》てて竹の方立《ほうだて》が入れられ、出隅柱《でずみばしら》には赤松の皮付丸太を立て、給仕口は塗《ぬ》り廻《まわ》しの火燈形《かとうがた》ではなく、自然に曲がったであろう梅の変木《へんぼく》を枠として用いています。これによって松・竹・梅の素材の取り合わせとなり、空間を自由に楽しむ貴族的な意匠として纏《まと》められています。

また点前座には風炉先窓《ふろさきまど》と上の棚が長い雲雀棚《ひばりだな》が備えられており、天井は蒲《がま》の落《おち》天井となっています。そして、通常中柱の元のところで収まる無目《むめ》敷居が中柱を越して出隅柱まで通り、点前座と客座を分断する形となっています。これは亭主と客の間に意識的に

燈心亭●茶道口と給仕口
写真右側が茶道口、左側が給仕口。出隅柱には赤松を用い、その両脇に、竹の方立、梅の枠木と、松竹梅を巧みに取り入れている。

燈心亭●床・違棚・天井

燈心亭の床と違棚を正面から見る。床柱は赤松皮付。違棚は三段で構成されており、棚の上部に天袋が設置されている。写真右端に見える襖は給仕口のもので、枠は梅の変木が用いられている。

結界を設ける形となり、空間を二分して余裕をもたせることで座を分けるという意図が窺《うかが》え、台目《だいめ》構えの建築としてたいへん珍しいものといえます。

客座の正面には床の間と違棚《ちがいだな》が設けられており、床の間は蹴込床《けこみどこ》の形式で欅《けやき》の地板を入れ、床柱は赤松皮付、奥行きは浅く構成されています。棚は違棚の上に天袋を二段に作り、上段は銀箔押しの小襖に蜘蛛《くも》形の引手を付け、下段は板戸で皮の引手を付けています。棚は三重で、下段を通棚《とおしだな》、上二段を違棚とし、通棚の背面には精巧な網目模様を透かした幕板が取り付けてあります。また欅の地板が入れられ、天袋下が張付壁《はりつけかべ》となっています。これは他の壁面がほとんど土壁であるため、蹴込床と対照的なデザインとして、たいへん強調されて見えます。

床脇の壁には中敷居窓が開けられ、床前に光を取り込む平書院的な役割を果たしています。

天井は小丸太の吹き寄せ格天井《ごうてんじょう》とし、腰付障子を立てて書院の格式と草庵の意匠を融合させた空間構成となっています。茶室の腰障子は、春慶塗《しゅんけいぬり》の框《かまち》で縦横とも桟《さん》を吹き寄せにし、内外ともに籐の水引飾りを付けています。水引飾りは、修学院離宮の窮邃亭《きゅうすいてい》の扁額にも見られる意匠で、特に後水尾上皇の好んだ意匠として考えられています。

勝手側の空間は、茶室と同様に三畳台目の広さとなっており、茶室と勝手の周囲には三方に畳敷きの入《いり》側《がわ》（座敷と縁側との間の通路）を廻らしています。また勝手の東奥に簀子《すのこ》の間という畳二畳ほどの簀子の空間が備えられているのも特徴的です。

素材の取り合わせの工夫

素材の取り合わせの工夫として、茶道口、給仕口の松・竹・梅の取り合わせをあげましたが、そのほかに、天井の素材の取り合わせも工夫として挙げられます。燈心亭の天井は、杉の小丸太の吹き寄せ格天井の形式ですが、格間《ごうま》は正方形、小さな正方形、長方形と形が異なり、これらの格間に葭《よし》・萩《はぎ》・木賊《とくさ》・山吹《やまぶき》・寒竹《かんちく》・太藺《つくも》・苧殻《おがら》・蒲《がま》・薄《すすき》・蕨《わらび》などの草物の素材を並べて、それぞれ変化に富んだ美しい模様を形作っています。その並べ方は、縦・横・斜めに異なった素材を組み合わせ、各格間がすべて異なった取り合わせとデザインになるようにしています。また素材に節があるものはデザインとして利用し、その模様はたいへん緻密な配列から作り出されています。ゆっくりと茶室の

燈心亭●格天井を見上げる
燈心亭の天井は、杉の小丸太の格縁で区切られた格間それぞれが、異なる大きさ、形状、素材でデザインされており、非常に変化に富んでいるため、格天井の好例として名高い。

畳に座って天井を見上げると、座った位置によって天井の模様が異なり、それぞれの座で楽しめる意匠となっています。これらの天井の素材は、灯芯の素材になるものが多いことから燈心亭と席名が名付けられたといいます。

茶室建築の面白さは素材の取り合わせにあるといってもよいと思います。床の間や台目構えの素材の選定、廻縁《まわりぶち》や天井材の素材の選定、壁面の仕上げ方や色彩など多くの取り合わせが可能です。この茶室の天井材に関しても、格天井と軽い草物の天井材を組み合わせることで、書院の固い天井から草庵風の軽快な天井へと大きく雰囲気を変えることができます。素材の選定を楽しむという行為から、独自の空間が創り出されるわけです。後水尾上皇はその面白さを茶室の各所で堪能していたように思えます。

勝手の間の工夫

三畳台目の勝手の空間は、茶道口・給仕口を出たところに小さな水屋が引違《ひきちがい》の襖で隠されています。この水屋は奥行きが浅く、低い腰板と水屋流し、簡易な二段の釣棚から成っています。通常、水屋は茶道口や給仕口の前に設けることを避けるのが一般的です。このように出入口の前に設けられた水屋は二枚の襖を巧みに利用して客の視線や音に配慮しながら扱える工夫がされています。いわゆる点前に必要な最小限の仮水屋のような働きとして設けられたものと考えられます。またそれを補うのが勝手の間や簀子の間であったのではないかと考えられます。

点前座の背後にあたる勝手の間には、一間《いっけん》幅の仮置《かりおき》棚《だな》が設けられています。この棚は上下二段の構成で、上段のみ引違の襖を入れ、下段は座敷より一段上げて三段の棚が高さを変えて左側に寄せて設けられています。上段は間口一杯に五枚の棚板が高さを変えて意匠的に設《しつら》えられ、内壁には奉書紙《ほうしょ》が張られており、茶室の違棚の壁面と二箇所のみが土壁でない仕上げは特筆すべきところです。おそらくどちらも、塵《ちり》や埃《ほこり》を嫌う重要な飾りと仮置きの場であったと推測されます。これらの棚構えは修学院離宮の霞棚と比べてとても簡素ですが、建築意匠として共通点が窺えます。

さらに勝手の奥に簀子の間といえる畳二畳分の湯水を扱える空間が備えられています。ここは三方に窓を配して、南側の窓下には湯水を出し入れできる板戸付の開口部があります。この空間は三つに分かれていて、西の勝手側より縁甲板、簀子、小丸太の仕切りを挟み一段下げて縁甲板と簀子の意匠に分かれていま

燈心亭●
勝手の仮置棚

燈心亭、勝手の仮置棚。上段には、通常引違の襖が入れられている。上段内部は奉書紙が張られた張付壁となっており、下段は土壁。上段は左右いっぱいに五段の棚が組み合わされており、下段では、三段の棚が左に寄せて付けられている。

す。色々と推測されますが、水屋としての機能や、水を漉《こ》す機能、そのほか湯水を扱う所としての機能も考えられます。

いずれにしても勝手という空間は多種多様の機能性を必要とすることから、使い勝手の良い空間であったことは平面構成から考えても間違いなさそうです。現代の茶室建築で、建築空間に余裕がなく、仕方なく茶室の出入口付近に水屋を設ける時など、水屋を隠しながら使う一つのヒントになることと思います。

燈心亭●
簀子の間

燈心亭の勝手には簀子の間が設けられている。水屋としての機能のほか、様々な用途に用いられたと推察される。

澱看席

出入口周辺と仕切壁の工夫

西翁院内

所在地●京都市左京区黒谷町

❶「躙口」から学ぶ

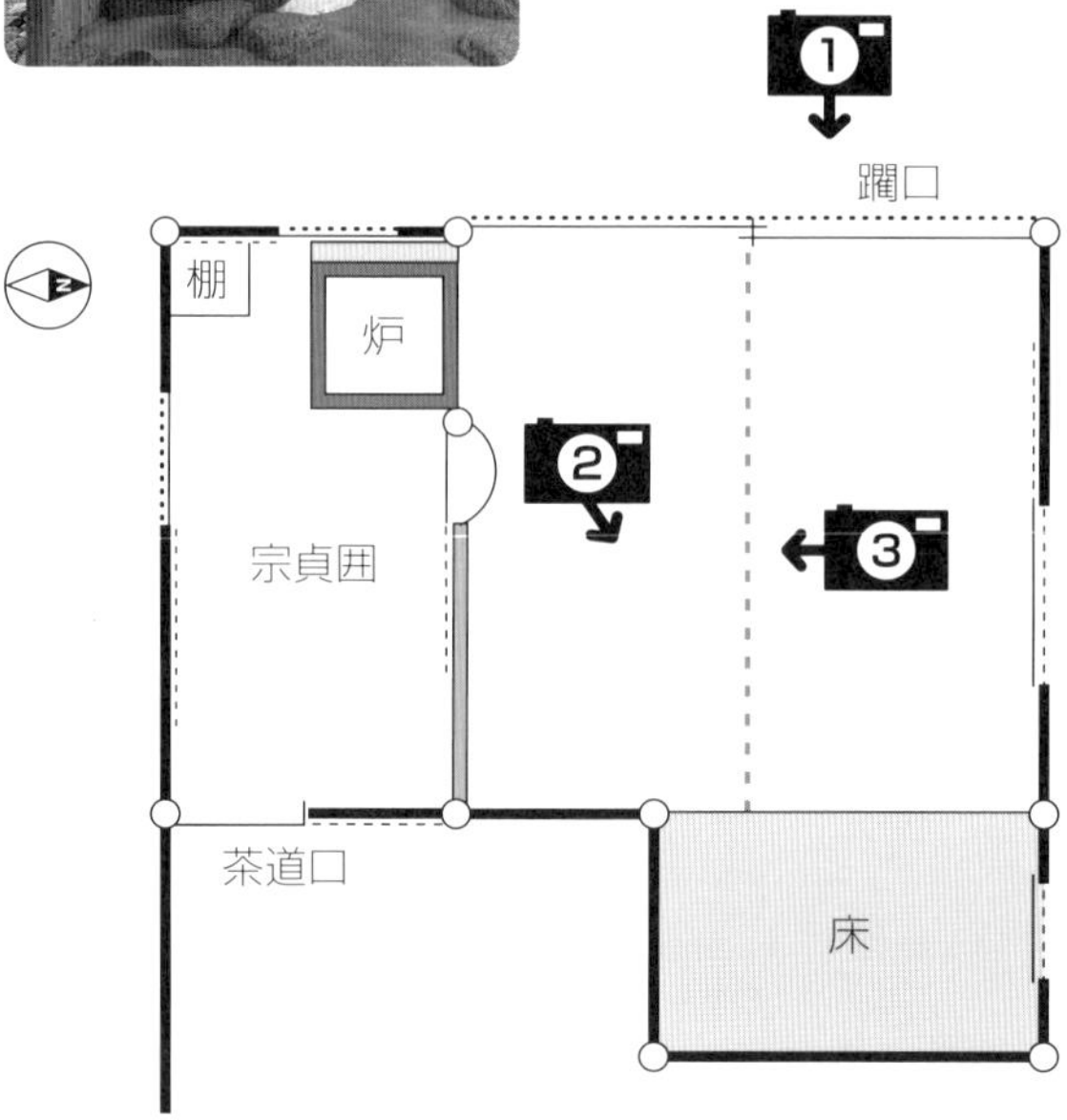

❷「床の間」から学ぶ

❸「仕切壁」から学ぶ

紫雲山金戒光明寺《こんかいこうみょうじ》は通称「黒谷《くろだに》さん」と呼ばれ、法然《ほうねん》上人が比叡山西塔の黒谷から出て、初めて草庵を結んだところです。初の浄土宗道場として知られており、伽藍《がらん》は広く、塔頭《たっちゅう》も多くあります。その内の一つである西翁院《さいおういん》は、寺誌に天正十二年（一五八四）、明蓮社光誉上人を開山として、藤村庸軒《ようけん》（一六一三〜九九）の養祖父藤村源兵衛が建立し、その法名、西翁院宗徳居士の院号をとって西翁院としたものと伝えられています。

西翁院の北西に藤村庸軒が造作した茶席は、「紫雲庵《しうんあん》」または「反古庵《ほごあん》好古室」と呼ばれ、造立の時期は明らかではありませんが、寺伝には貞享《じょうきょう》二、三年（一六八五、八六）頃とあります。

その窓から淀《よど》（京都市伏見区）、山崎（京都府乙訓郡）の景色を眺めることができたため、後に「澱看席《よどみのせき》」（澱は淀の意）と呼ばれるようになりました。

藤村庸軒は久田《ひさだ》家二代目の久田宗利《そうり》の弟にあたり、通称源兵衛、反古庵とも号し、元禄十二年（一六九九）に八十七歳で没しています。茶の湯は初め、藪内紹智《やぶのうちじょうち》や古田織部《おりべ》に学び、後に千宗旦《せんそうたん》を師として仰ぎ宗旦四天王として活躍し、庸軒流の礎を築きます。弟子の久須見疎安《くすみそあん》は、庸軒が没した翌年に『茶話指月集《ちゃわしげつしゅう》』を編集して庸軒の口伝を後世に伝えています。

庸軒は香道や花道に通じ、漢学を三宅亡羊《ぼうよう》、山崎闇斎《あんさい》に学び、『庸軒詩集』二巻もあります。庸軒の長男藤村恕堅《じょけん》（?〜一六九九）は、家業の呉服商十二屋を継ぎ、次男の藤村正員（一六五〇〜一七三三）は父の言行を編著し『茶道旧聞録《ちゃどうきゅうぶんろく》』などを著し、庸軒流を興したことでも知られています。

躙口周辺の工夫

澱看席の露地は、腰掛待合から二重生垣の間の石段を上がり、客殿の縁側に沿った石段に至ります。そこから澱看席が徐々に見えてきます。内露地は四坪ほどで、四つ目垣で仕切られ、その前端には歴史を伝える檜《ひのき》が立っています。茶室外観の特徴として、杉皮葺《すぎかわぶき》庇《ひさし》と、本堂と茶室の地盤高調整のための亀腹《かめばら》（白漆喰などで固めて作った建築の基礎部分）がたいへん印象的です。

茶室本体の屋根は杮葺片流《こけらぶきかたなが》れで、これに正面躙口《にじりぐち》側一間半《いっけんはん》のうち、躙口側から一間のところに柱を立て、その柱から丸太の桁《けた》を通した杉皮葺の差掛《さしかけ》屋根が接続されています。この構成は澱看席の特徴的な外観で、茶室を風雨から守り、照度を調整し、屋根の下で

澱看席●躙口
躙口を正面から見る。様々な機能を備えた差掛屋根に、庸軒の工夫を見て取れる。掛かっている扁額は竹田黙雷禅師筆「澱看」。

蹲踞《つくばい》も使用でき、雨天などの中立《なかだち》にも利用可能であるという多くの機能を有した意匠であり、庸軒の優れた工夫が窺《うかが》えます。また庇の妻側、細長い連子窓《れんじまど》の上に竹田黙雷《たけだもくらい》禅師の筆で「澱看」の扁額があげられています。なお、この茶室は、前述の亀腹状の盛土の上に差石を並べて建てられています。

また躙口前の踏石は盛土の斜面に据え、上がりやすい寸法に調整され、続く二番石、三番石も石の形や大きさが工夫されるなど、細かな配慮がされており、露地と床高の調整が、景色と合わせて上手に纏《まと》められています。

室床と天井の工夫

茶室内部は客座二畳と中柱、仕切壁を挟んだ点前座一畳からなる三畳の空間です。天井はやや急な片流

澱看席●床の間
三枚の板を用いた板床。落し掛け上の壁に掛けられた華鬘形の木額には「粗茶淡飯飽即休」と刻まれている。
(「澱看席」内部の写真はいずれも解体修理以前のもの)

れの総化粧屋根裏で、客座と点前座の天井は同じ意匠となっています。

床の間は台目《だいめ》幅に設けられ、側壁から天井まで塗《ぬ》り廻《まわ》した室床《むろどこ》の形式です。あえて一枚板ではなく、三枚の板を接《は》いだ板床としています。総化粧屋根裏天井であるため、床の間上の廻縁《まわりぶち》から落し掛けまでの壁面が広くなり、華鬘《けまん》形の木額が掛けられています。この木額には、「粗茶淡飯飽即休」と刻まれています。庸軒は落し掛け上の壁に華鬘釘《けまんくぎ》を打つ手法を、漢学趣味と空間意匠の観点から応用したようにも思われます。

床柱は二尺（約六一センチ）ほどの高さから面付《つらつ》けが施され、床框《とこがまち》も丸太の二つ割で床柱側から二尺ほど面付けがなされ、床柱とともに意匠の一体感を表しています。落し掛けは見付《みつけ》（正面の幅）九分で下方のみ面皮とし、節を生かした杉材を使用しています。床の間には織部好みと異なり、内側に掛障子を用いた利休流の墨蹟窓《ぼくせきまど》が設けられています。また、茶室の北壁面には下地窓《したじまど》、西壁面には連子窓が開けられています。壁面は長スサを塗り込んだ侘びた土壁仕上げとなっています。

仕切壁の工夫

注目すべきは仕切壁を用いた宗貞囲《そうていがこい》です。炉は入炉の向切《むこうぎり》で、炉の手前角に中柱を立て、火燈口《かとうぐち》を備えて、仕切壁の上部は吹き抜けとしています。仕切壁はその性格から点前座と客座の間を仕切り、点前座を次の間のように見せて亭主の謙《へりくだ》った姿を表現した意匠ともいえます。しかし完全な次の間ではなく、茶室の一体感を保ちながら空間に変化を生じさせた意匠であり、精神的にも建築的にもたいへん高度な工夫といえます。

この仕切壁に開けられた火燈口は高さ三尺九寸五分、幅二尺五分で、敷居から五尺七分の高さに仕切壁は収められています。この仕切壁の高さが絶妙で、これ以上高ければ空間に圧迫感が出てしまい、反対に低ければ茶道口が見えてしまい空間の緊張感を欠いてしまいます。そして天井が片流れの総化粧屋根裏で客座から点前座まで一続きであり、やや急勾配に収められているため、仕切壁をいっそう引き立たせています。

点前座正面には風炉《ふろ》先窓《さきまど》と左隅に一重の釣棚が設《しつら》えられています。この風炉先窓は「嵐山窓」「嵯峨窓」とも呼ばれ、点前座左側壁面の窓は「澱看窓」と呼ばれています。昔は火燈口の太鼓襖《たいこぶすま》が開き、障子を開ければ客側からも澱（淀）まで見渡せ、風炉先窓からは嵐山や嵯峨方面まで眺望可能であったと伝えられており、その性格から、高台のたいへん開放的な茶室といえます。

この空間に座して心静かにしていると、庸軒の茶の湯に対する強い想いが伝わってくるような気がします。

茶道口周辺の工夫

茶道口を出ると四畳の水屋の間があります。茶道口脇には地板が入れられ、二段の棚とその上部に袋戸棚が備えられています。庸軒はこの地板に茶臼を置き、よく茶を挽《ひ》いていたと伝えられています。茶を挽き、水屋仕事をするためには使い勝手がよく、道具の扱いのためにもやさしい竹の柱を採用しているところもたいへん興味深い工夫です。この部分まで、重文指定となっており、その隣の水屋流し周辺は後の建築と考えられています。利休の死後、宗旦が千家再興の折に同様な構えの三畳敷を建て、宗旦が使っていたことが知られています。庸軒も師匠宗旦のわび茶の姿勢を

澱看席●客座からみた宗貞囲（上）

総化粧屋根裏の天井の勾配が客座から点前座へと続いているのがわかる。絶妙な高さに設けられた仕切壁が、茶室内の圧迫感を減じ、適度な緊張感をもたらしている。写真右手にある風炉先窓からは嵐山や嵯峨が、正面にある窓からは淀が見渡せた。

澱看席●水屋の間の脇（右）

澱看席の水屋。茶道口の脇の地板の上に茶を挽く臼が置かれている。

学び、同様な三畳敷を西翁院に建てたものとも考えられます。

道安囲と宗貞囲

ここで仕切壁を用いた茶室として「道安囲《どうあんがこい》」「宗貞囲」という茶の湯空間を点前と建築の両面から整理しておきたいと思います。道安囲、宗貞囲はいずれも亭主と客座の間に仕切壁を立て中柱、火燈口、太鼓襖を備えています。空間に大きな変化を与えるだけでなく、点前座が次の間のように構成されており、どちらの空間も亭主が客に対して謙って茶を点てさせていただくという表現が強調されているといってもよいでしょう。

この「道安囲」「宗貞囲」の違いは、炉の切られた位置と仕切壁にあります。「道安囲」はその平面構成から出炉《でろ》（台目切《だいめぎり》）の点前となり、「宗貞囲」は平面構成から入炉《いりろ》（向切《むこうぎり》）の点前となります。亭主は台目切の点前であれば客側に向いて点前を行うことになり、向切の点前であれば点前座で正面を向いて点前をすることになります。このとき仕切壁の襖が閉められている状況と、そして炉の位置から、道安囲の方は客から道具と亭主の様子を見ることができます。しかし宗貞囲では仕切壁の襖が閉められていれば、炉の釜と水

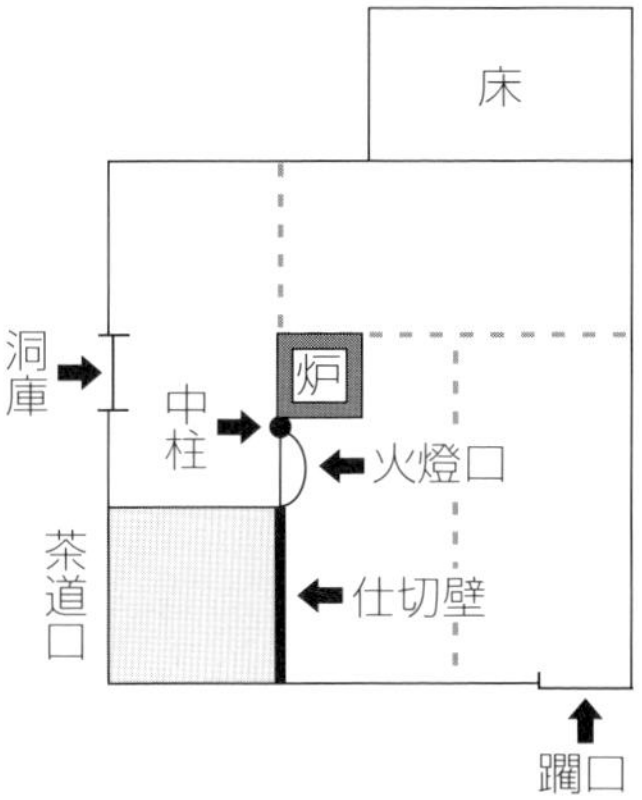

道安囲の一例
（四畳半切の場合）

指くらいしか見えず、亭主の姿を見ることができません。この宗貞囲は、中柱より上座、わずか小間半《こまなか》ほどしか見えない空間構成となっています。そのため襖が閉められている時には、道安囲よりもさらに仕切られた空間構成になっています。

次の間的な意匠を用いて亭主の謙虚さを表し、空間に変化をもたらす仕切壁ですから、開口が広く客の方に少し向いて点前をする道安囲より、閉鎖的で正面を向いて点前をする宗貞囲の方が、侘びの意味合いを強く備えた空間といえるでしょう。またこの道安囲と宗貞囲とでは、亭主の位置のみならず、道具の配置も大きく変わることになります。

二つの空間について記した茶書の記載がありますが、その中でも代表的な茶書の記述を参考のために挙げておきます。

まず貞享三年に版行された初めての茶室書『数寄屋《すきや》工法集《こうぼうしゅう》』では「道安数寄屋の事」、「宗貞囲の事」とし、それぞれ図を示しています。そして図中に道安数寄屋（いわゆる道安囲）は「炉を切るときは茶の湯の手（点）前三畳大目也（出炉の点前）」、宗貞囲は「炉を切るときは茶の湯の手（点）前一畳大目なり（入炉の点前）」と記されています。さらに『不白筆記《ふはくひつき》』（宝暦七年＝一七五七年以降に成立）では「道安囲は四畳大目切也（出炉）、炉右に中柱有り尤も火燈口有り、此座敷にして向切有り（入炉）、是は宗貞座敷という也」とあります。「道安囲」「宗貞囲」は茶室建築としては同様の構えのように見えますが、点前座の道具の配置や主客が対座したときの茶の湯空間は異なることとなり、それは、道具の取り合わせや趣向にも関わりが出てくるものといえるでしょう。

（引用文中、カッコ内は筆者の注記）

閑隠席・枡床席

相対的意匠の工夫

聚光院内
所在地●京都市北区紫野大徳寺町

❶「開放性」から学ぶ

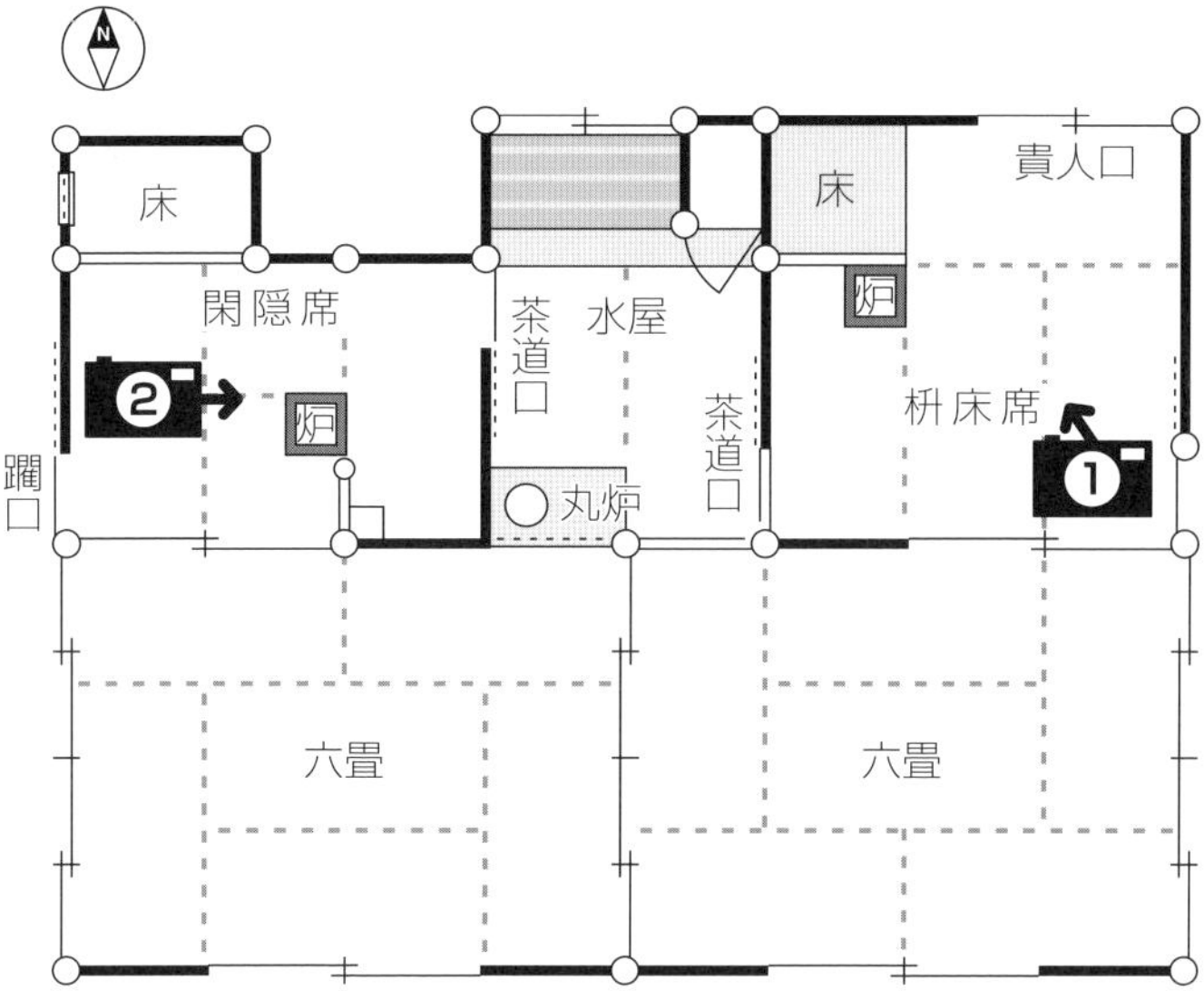

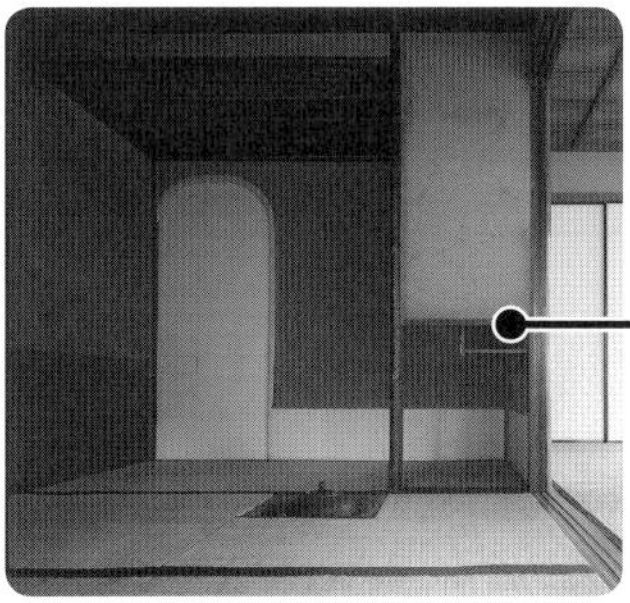

❷「閉鎖性」から学ぶ

大徳寺塔頭・聚光院

大徳寺塔頭《たっちゅう》の聚光院《じゅこういん》は、永禄九年（一五六六）、三好《みよし》義継《よしつぐ》が、父・長慶《ながよし》の菩提を弔うために建立した塔頭で、笑嶺宗訢《しょうれいそうきん》和尚を開祖としています。聚光院の名は長慶の法号、「聚光院殿前匠作眠室進公大禅定門」に由来しています。利休居士が、この笑嶺和尚に参禅し、檀越《だんおつ》となっていることでも知られており、利休自筆の寄進状が寺に伝わっています。また三千家歴代の墓が存在し、利休供養塔が建てられています。この供養塔は、船岡山にあったものを引き取り、千宗旦《せんそうたん》が聚光院の墓地に建てたと伝えられています。

　聚光院の本堂は安土・桃山時代の方丈建築を代表する建物です。また本堂前の庭園は、利休作と伝えられ、苔庭に直線的に庭石を配置し、その石組みの多さから「百積《ひゃくせき》の庭」と呼ばれており、国の名勝に指定されています。

　このような空間の北東側に重要文化財の茶室「閑隠《かんいん》席《のせき》」「枡床席《ますどこのせき》」が建てられています。

閑隠席とは

　閑隠席は客殿（本堂）の北縁から下りて、小振りな飛石伝《づた》いに内露地に入ります。露地は生垣で囲まれた苔庭で、左に井筒、正面植込みの下に利休愛用と伝えられている石燈籠（寄燈籠）と蹲踞《つくばい》があります。

　この席は大きな建物の一部として、聚光院の本堂の北東に位置します。切妻造《きりづまづくり》で軒高が高いため、二つの庇《ひさし》を出し、北側庇（次頁写真の左側の庇。杉皮葺）内の正面左上には刀掛《かたなかけ》と墨蹟窓《ぼくせきまど》が、そして右に連子窓《れんじまど》、その下には躙口《にじりぐち》が備えられており、刀掛石や踏石《ふみいし》も設けられています。また高さを上げた南側の庇（下写真の右側の庇。柿葺）内部は、腰掛としても使用できるよう、座敷（六畳）に縁《えん》が設けられており、役石も使い勝手よく据えられています。

茶室内部を見てみると、三畳の空間に赤松皮付の中柱（直柱）を立て、点前座は一畳で出炉《でろ》の上げ台目切《だいめぎり》、下座床《げざどこ》の席となっています。点前座袖壁《そでかべ》の入隅《いりすみ》には、利休好みの桐板の二重棚が吊られ、下棚が吹抜《ふきぬき》から客に見えるように下げて収められています。茶道口は穏やかな丸味の火燈口《かとうぐち》

閑隠席●外観
西側から見た閑隠席の外観。南側の庇の下には座敷とつながった縁が設けられている。

で、曲がり茶道口の形式で開けられています。

南側の六畳の座敷とは一間二枚立ての襖《ふすま》で仕切られており、この座敷の接する南隅の西面に躙口《にじりぐち》、その上に連子窓が備えられています。

天井は点前座上が竹竿縁《たけさおぶち》の蒲《がま》の落《おち》天井、客座二畳分が竹竿縁の野《の》根板《ねいた》天井（高知県野根山産の薄片《うすへ》木《ぎ》板を張った天井）、床の間は鏡天井の構成となっています。

床の間は、床柱が赤松皮付、床《とこ》框《がまち》は北山丸太の面付《つらつ》け、相手柱も同様で、落し掛けは杉削木が収め

閑隠席●床の間
広間から閑隠席を望む。左手に見えるのが躙口で、その上部に連子窓がある。

られていますが、わずかに見付《みつけ》の下端の中ほどに皮目を残しています。点前座周辺は壁面を廻らせてあくまでも茶点所に徹し、客座側は天井の構成からも上段の間を思わせるような構成となっています。窓は二箇所のみで、連子窓と床の間の墨蹟窓の下地窓《したじまど》となっており、採光がたいへん抑えられているのが特徴です。

利休流の約束として、中柱袖壁の壁止まりは引竹を使う慣わしですが、ここでは横木を使用していいます。これは中柱が直柱で、上げ台目切の袖壁が小間《こま》半《なか》であり、六畳の座敷と一体としても使用される茶室として、あえて横木を用いたものと推測されます。

閑隠席は利休好みの茶室として伝えられていますが、大徳寺玉林院《ぎょくりんいん》の大龍《だいりゅう》和尚の筆録「山中氏当院担度由緒」や藪内竹心《やぶのうちちくしん》の『目さまし草』、またそのほかの資料から、表千家七代・如心斎《じょしんさい》と裏千家八代・一燈《いっとう》の兄弟が元文五年(一七四〇)、利休百五十回忌に際し、利休居士を意識して計画し、聚光院に寄付した茶室であるという説が有力です。

枡床席とは

同じく聚光院内にある枡床席は、表千家六代・覚々《かくかく》斎《さい》の好みと伝えられており、閑隠席より後に造作されたものと考えられています。これは水屋の物入の襖裏に「新規水遣文化七年午初冬　浪華山中了寿寄附之宗左」と墨書があり、水屋が造られた文化七年(一八一〇)頃(表千家九代・了々斎《りょうりょうさい》の時代)に枡床席も造作されたのではないかと推測されています。

枡床席は北面の貴人口《きにんぐち》から席入となり、床の間が半畳の大きさで四畳半内に収められており、またその無駄のない構成から、茶席がゆったりと使用できる空間となっています。炉は向切《むこうぎり》で、枡床の地板は松、床柱は赤松皮付、そして枡床の向かって左の壁面に大きく下地窓を開け、さらにその下部を思い切って開放しています。これにより、客座のどこからでも点前が見えるようになり、空間に拡がりが感じられます。

天井は床の間前の一畳分を掛込《かけこみ》天井としていますが、この天井は庚申張《こうしんば》りという竹垂木《たけたるき》だけで竹木舞《こまい》を省略する形をとり、垂木間横向きに野根板を張り、垂木間に煤《すす》へギ竹を打ち上げた簡素な

枡床席●内観
床は枡床の形式をとる。写真中央部にあたる、壁に開けられた下地窓とその下部の開放部により、客はどの位置からでも点前を見ることができる。

手法です。残り三畳分は点前座上から客座まで一枚の平天井の形式で、野根板張りに白竹二本ずつの竿縁の構成となっています。

この枡床席も、閑隠席と同様、南面している六畳の座敷と隣接しており、この座敷からも席入ができます。自由な使い方が可能な使い勝手のよい席といえます。

閑隠席と枡床席の相対的意匠

閑隠席と枡床席の二つの茶室は、水屋を挟んで東西に位置し、南側はそれぞれ六畳の座敷に隣接していま す。これまでは、あまり比較して論じられることはありませんでしたが、この二つの茶室は、多くの意匠についで相対的な工夫がされています。その対応する意匠を纏《まと》めてあげてみたいと思います。

まずは床の間の構成が、「本床《ほんどこ》」と「略式床」です。閑隠席の床は台目床の「本床」で、茶室の外に張り出す床の形式ですが、枡床席の床は四畳半茶室の半畳を枡床として合理的な平面構成とし、踏込床《ふみこみどこ》という「略式床」の形式をとっています。そして客の出入口は、「躙口」と「貴人口」です。閑隠席は、西面の南隅に「躙口」が設けられており、連子窓、腰張りとともに壁面のデザインを上手に纏《まと》めています。また枡床席は、高さを抑えた「貴人口」を設け、そこに二枚の腰障子を備えています。これによって北面からの安定した採光を茶室に取り込むことが可能です。

さらに亭主の出入口が、「火燈口《かとうぐち》」と「方立口《ほうだてぐち》」です。閑隠席は茶道口がやさしい曲線の「火燈口」であるのに対して、枡床席では「方立口」を採用しています。三畳の閑隠席が利休好みを根底にした侘びた意匠としているのに対して、枡床席の茶道口は利休の四畳半の格式を持たせた「方立口」としています。

またこの点前座は「閉鎖性（暗）」と「開放性（明）」を意識した構成となっています。閑隠席は点前座に袖壁があり、点前座正面の壁面とともに「閉鎖性（暗）」を意識し、茶点所という謙《へりくだ》った空間を感じさせる構成となっています。しかし枡床席は、点前座正面の壁面の下部は大きく開け、その上の壁面には大きな下地窓を設けて「開放性（明）」を意識しています。この両方の点前座に座ると、その意匠から、閑隠席では「客に集中して茶を点てさせて頂く」という意識が強く感じられ、枡床席では亭主が花を愛でながら茶が点てられる、亭主自ら茶をゆったり楽しめる空間構成となっていることが分かります。

これは点前座の天井でも表現されており、閑隠席の「落天井」と枡床席の点前座の天井と客座（床前を除

く）の天井が「一枚の平天井」であることや、炉の切り方が閑隠席は「出炉の上げ台目切」であるのに対して、枡床席は「入炉の向切」であることも閉鎖性と開放性の意匠との関わりを示す相対的な工夫といえます。この二つの茶室は、相対的であるがゆえに千家流の茶の湯空間の意匠を凝縮したものといえそうです。

閑隠席と枡床席●茶道口
閑隠席は火燈口（写真右）、枡床席は方立口（写真左）の形状の茶道口になっている。閑隠席の写真の右奥に見えるのは、二つの六畳の座敷を隔てる襖。

庭玉軒

茶室と露地の一体化

真珠庵内

所在地●京都市北区紫野大徳寺町

❷「内坪の天井」から学ぶ

❶「内蹲踞」から学ぶ

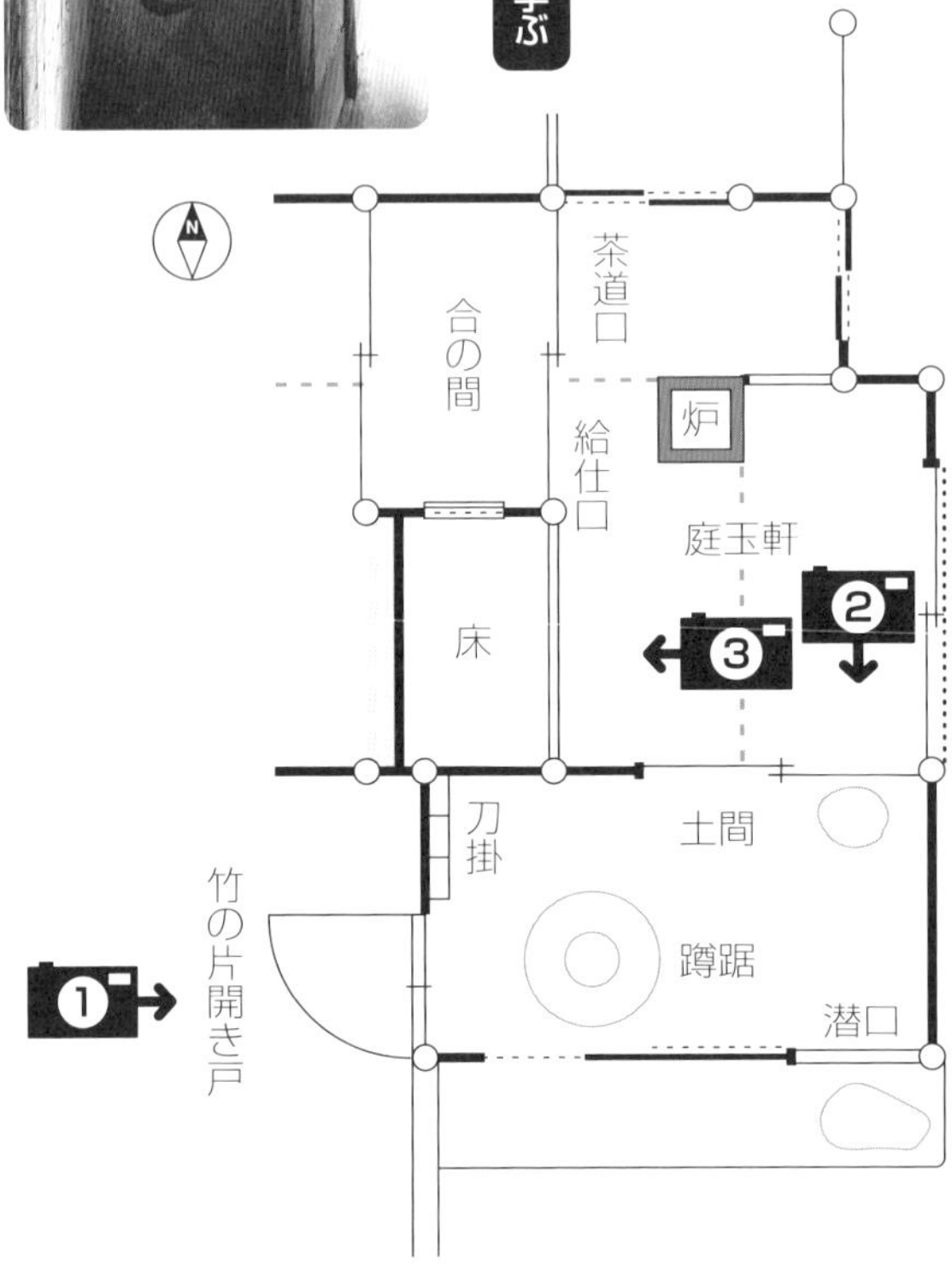

❸「床の間」から学ぶ

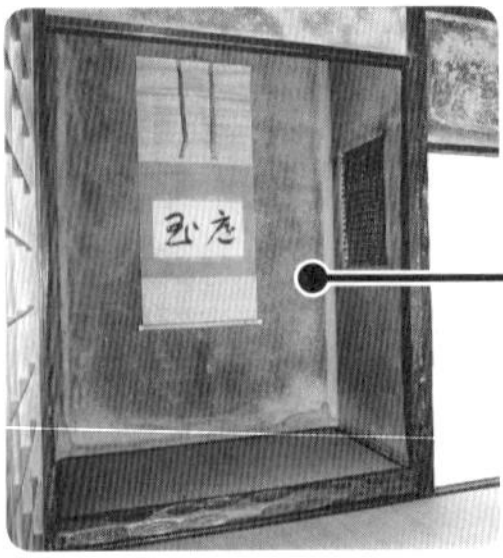

真珠庵《しんじゅあん》は大徳寺方丈の北側にある塔頭《たっちゅう》です。開祖は一休宗純《いっきゅうそうじゅん》（一三九四〜一四八一）、永享《えいきょう》年間（一四二九〜四一）に創建されました。しかし、その後火災などで焼失し、一休の塔所《たっしょ》として延徳《えんとく》三年（一四九一）に再建されています。

境内にある墓地の北隅には茶の湯の祖である珠光《しゅこう》の墓所があり、真珠庵過去帳には「珠光庵主」と記されていることから、珠光が同院の檀越《だんおつ》となっていたと推測されます。客殿の北側には月光椿があり、また客殿から書院・通僊院《つうせんいん》に向かう廊下の右手には珠光遺愛の手水鉢《ちょうずばち》と伝紫式部の産湯の井があり、その歴史を伝えています。

庭玉軒《ていぎょくけん》は、通僊院の東北に続く金森宗和《かなもりそうわ》好みの茶室です。そもそも庭玉軒という名は、半井春蘭軒《なからいしゅんらんけん》（禁裏の医事に従事した医師）が没倫《もつりん》禅師のために営んだ庵室名でした。通僊院がもとあった場所から真珠庵へと移される際にその庵室が廃されたため、「庭玉」の額を茶室に掲げて名を残したといいます。

この茶室を好んだ金森宗和は、名を重近《しげちか》といい、飛騨国高山城主・金森出雲守可重《いずものかみありしげ》の長男として天正十二年（一五八四）に生まれています。大坂冬の陣の際、徳川方に付いた父を批判したことで怒りに触れ勘当され、母とともに京都に住み、剃髪して宗和と号します。宗和の交友関係はたいへん幅広く、近衛《このえ》応山《おうざん》をはじめ、一条昭良《いちじょうあきよし》、鹿苑寺《ろくおんじ》（金閣）の鳳林承章《ほうりんじょうしょう》和尚、小《こ》堀遠州《ぼりえんしゅう》、片桐石州《かたぎりせきしゅう》たちと親交を重ねています。茶は織部流、道安流、遠州流を加味した宗和流を開き、「姫宗和」と呼ばれる上品な美しい好みを特徴としています。

宗和流は宮中に入り、後水尾《ごみずのお》、明正《めいしょう》、後光明《ごこうみょう》、後《ご》西《さい》天皇に迎えられ、なかでも後西天皇は熱心であったと伝えられています。

内蹲踞の工夫

　庭玉軒の内部は、二畳台目《だいめ》に中柱を立てた出炉《でろ》の下《げ》座床《ざどこ》となっています。中柱は赤松皮付、釣棚は二重で上の棚が大きい、織部《おりべ》好みの雲雀棚《ひばりだな》となっています。庭玉軒の茶道口は「通口《かよいぐち》」の形式で、鴨居《かもい》の高さは特に低く、四尺五分（約一二二センチ）で収められています。天井は床前が蒲《がま》の平天井、客座が掛込《かけこみ》天井、点前座が蒲の落《おち》天井となっています。

　茶室内は標準的な二畳台目の形をとっていますが、ほかの茶席と大きく違うのは、南側の庇《ひさし》の土間内に設けられた蹲踞《つくばい》（内蹲踞）です。手水鉢《ちょうずばち》を庇内の土間に取り込み、周囲を土壁で囲い、少し大きめな潜口《くぐりぐち》を設け、茶室と融合させた空間造りが、庭玉軒の大きな特徴となっています。

　この潜口の上には連子窓《れんじまど》を配し、一見すると大きな躙口《にじりぐち》のようにも見受けられます。しかし躙口とは形式が異なり、露地の中門にある「中潜《なかくぐり》」と同様の形式をとっています。そのため、潜口を挟んで蹲踞のある内坪、つまり小さく纏《まと》められた内露地側と腰掛のある外露地側との二つの領域に分けられ、招待客は外露地から潜口を経て内坪に入り、蹲踞を使って引違《ひきちがい》の障子を開け、貴人口《きにんぐち》からの席入となります。躙口は備えられていません。この内坪の空間は、一坪半ほどの中に内露地の構成要素が組み込まれており、それぞれの役石が小振りに配置されています。蹲踞周辺は手水鉢の左側の役石を省略し、右側のみ配石し、手元を明るくするために下地窓《したじまど》が設けられ、近くには塵穴《ちりあな》が備えられ

庭玉軒●内蹲踞

（右）内坪の西側に備えられた竹の戸を開けたところ。内坪内の南西側（写真手前）には自然石の手水鉢を据え、内蹲踞とする。内部は土間となっており、狭い空間のため、飛石は小振りのものが用いられている。開口部の左上に見えているのが刀掛。

（下）障子を外し、茶室から見た内蹲踞。潜口の上部には連子窓を配し、その上には突上げ窓が設けられており、この二つの窓から採光する。

ています。また、北西側に二重の刀掛《かたなかけ》が釣られ、その下は竹の片開き戸（水張口としても利用）が設けられており、二段石の刀掛石も据えられています。

蹲踞が囲われた中にあるのは、本来、雨雪や寒風のときでも茶事が行えるようにとの発想で考え出されたものと伝えられています。金森家が飛騨高山の藩主であったからこそ、寒い地域に適う宗和独自の工夫が庭玉軒に成されたと考えられていますが、その他の理由として、天皇や公家などと親交のあった宗和が、特別な招待客に配慮して設けた意匠であるとも考えられるのではないでしょうか。庭玉軒の露地（外露地）は書院の庭としても機能しており、腰掛は通僊院と客殿の連絡廊下に設けられています。特別な招待客などを迎えた時は、書院の縁から降りて書院の軒下を進み、竹の片開き戸より席入が可能となり、潜口を通らず、省略した貴人の席入も可能な構成となっています。

また内坪の天井には突上《つきあ》げ窓が設けられています。南からの強い光が採り入れられるように工夫されており、茶事の後座ではたいへん効果的な光となります。ここは屋根と囲いのある内坪（内露地）と二畳台目の空間が一体となって調和し、内でありながら外という、より開放的な茶の湯空間を演出して招待客をもてなします。この空間構成が、上品な優美さの中に力強さを好んだ宗和の茶風、「姫宗和」と呼ばれている所以《ゆえん》といえます。

「ナグリ」の工夫

そうした工夫は、茶席の中の造作にも多く見受けられます。特に顕著なのは「ナグリ」という、手斧《ちような》な

庭玉軒●茶室内

(上)客座から点前座を望む。茶道口(通口)が特に低いのが特徴。ほっそりとした中柱は赤松皮付のもの。

(下)床柱には栗、床框には北山杉が用いられ、それぞれナグリで仕上げられている。

どで材をはつる手法の使い方です。茶室の部材のあちこちに、このナグリが施されています。例えば、床柱は細身の栗にナグリをかけて仕上げており、花釘は打たれていませんが、勝手側の墨蹟窓《ぼくせきまど》に花入掛の折釘が備えられています。北山杉の床框《とこがまち》には全体にナグリを配し、相手柱や落し掛けも面付《つらつ》けを行っています。この落し掛け裏には釣花入釘が打たれています。また中柱や壁留など、多くの材がナグリの手法によって仕上げられており、優美な細身の部材に数寄屋大工の技を加味することで力強さを演出し、天然素材の丸太の妙を魅せる意識的な意匠と考えられます。突上げ窓から強い光が差し込んだとき、床柱や床框などナグリをかけた部材は、異なった表情を見せることでしょう。このようなところにも茶人としての宗和の好みや拘《こだわ》りが強く感じられ、茶事に招かれた折に出合える異空間を想像するだけでも楽しくなります。

現代の内蹲踞・内露地の工夫

最後に内蹲踞、内露地の現代の工夫をご紹介いたします。宗和好みの内蹲踞は山間部の豪雪地域というところからの発想が根底にあったとされます。内蹲踞は囲われた庇内に入って蹲踞を扱うことから、茶室の外側に躙口のような潜口が備えられていて、その上の連子窓などから採光が確保されます。壁で囲まれたこの空間は、寒さの厳しい地域で特に好まれ、雪で覆われてしまう蹲踞や寒風の吹きさらす所では、手水鉢の水もすぐに凍ってしまうことから、壁で囲むことが考案されたといいます。

現代でも豪雪の地域での茶の湯空間は、雪囲いや雪の除去スペースなど、いろいろな工夫が必要となります。しかし近年、豪雪だけでなく豪雨や強風といった自然環境の大きな変化に伴い、このような設備の意味合いを、もう一度見直す必要が出てきたように思えます。例えば豪雪地域、あるいは突然のゲリラ豪雨や強風などでは、腰掛待合や中門、蹲踞など茶事・茶会の進行に支障が出ることもあります。露地の風情をせっかく楽しみにしていても、天候次第では急遽待合から勝手脇を通って席入をする、というような経験をしている方も多いと思います。

そこで強い風雨や雪の多い時期でも茶事・茶会が行えるように庇内で蹲踞が扱える内蹲踞の形式を取り込み、内露地に飛石を打ち動線を工夫することも、一つの選択肢として、有効な意匠といえるのではないでしょうか。これによって囲われた空間から、茶室に無理なく入席、退席が可能になります。天候が回復した後、余裕があればこそ、席中から潜口越しに眺める雪景色や雨の上がった後の露地の風情が格別なものとして見えてくるのではないでしょうか。

内露地を工夫した現代の茶室
雪の積もる中でも茶事・茶会を行えるようにするために工夫された内露地。庇に覆われた露地を、飛石伝いに進み席入する。（写真協力／中村宗覚）

今日庵・又隠

壁面意匠と洞庫の工夫

今日庵

裏千家内

所在地● 京都市上京区小川通寺之内上ル

❶「点前座」から学ぶ

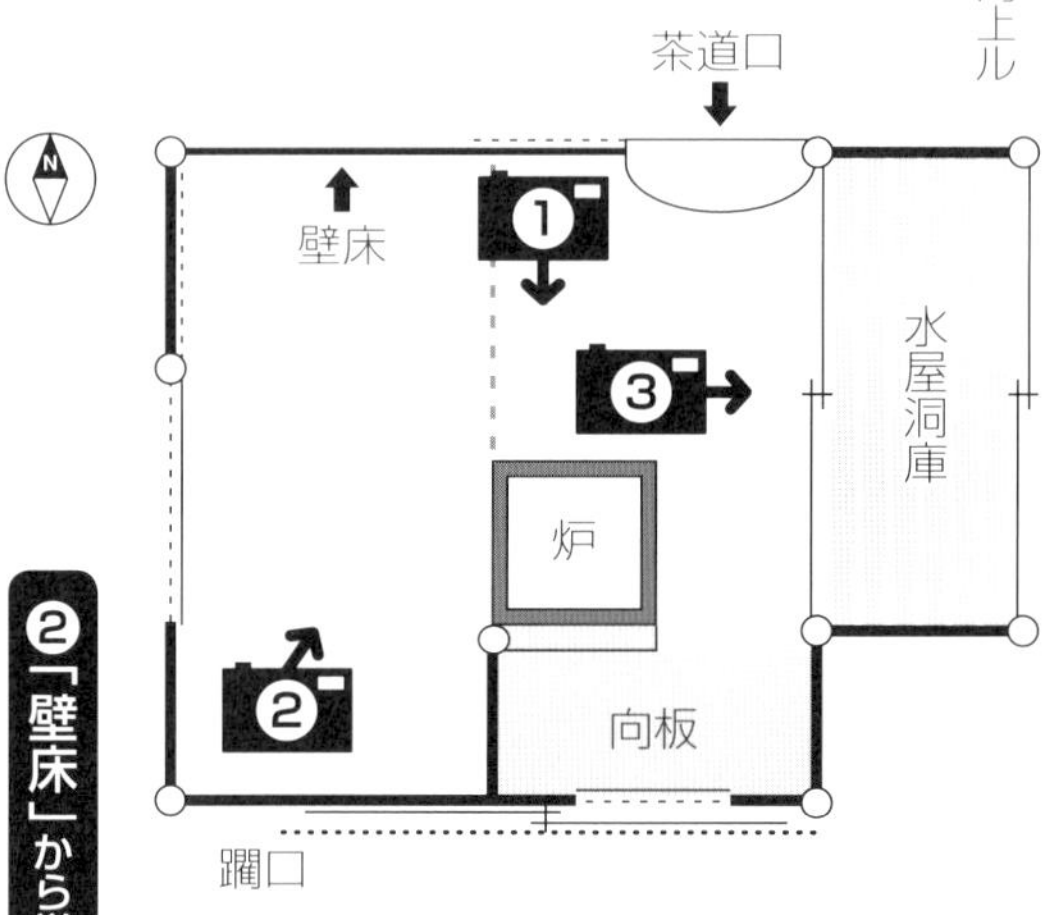

❷「壁床」から学ぶ

❸「水屋洞庫」から学ぶ

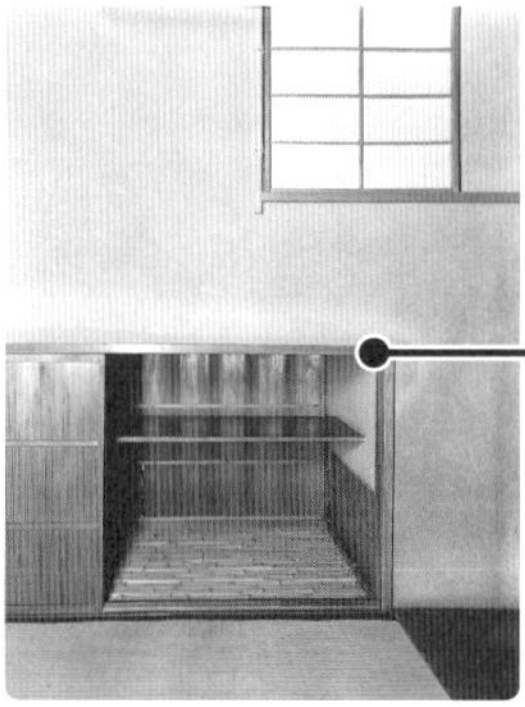

又隠

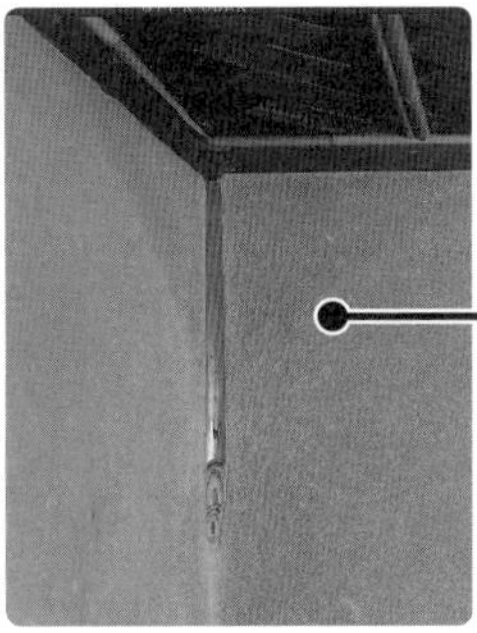

❺「楊子柱」から学ぶ

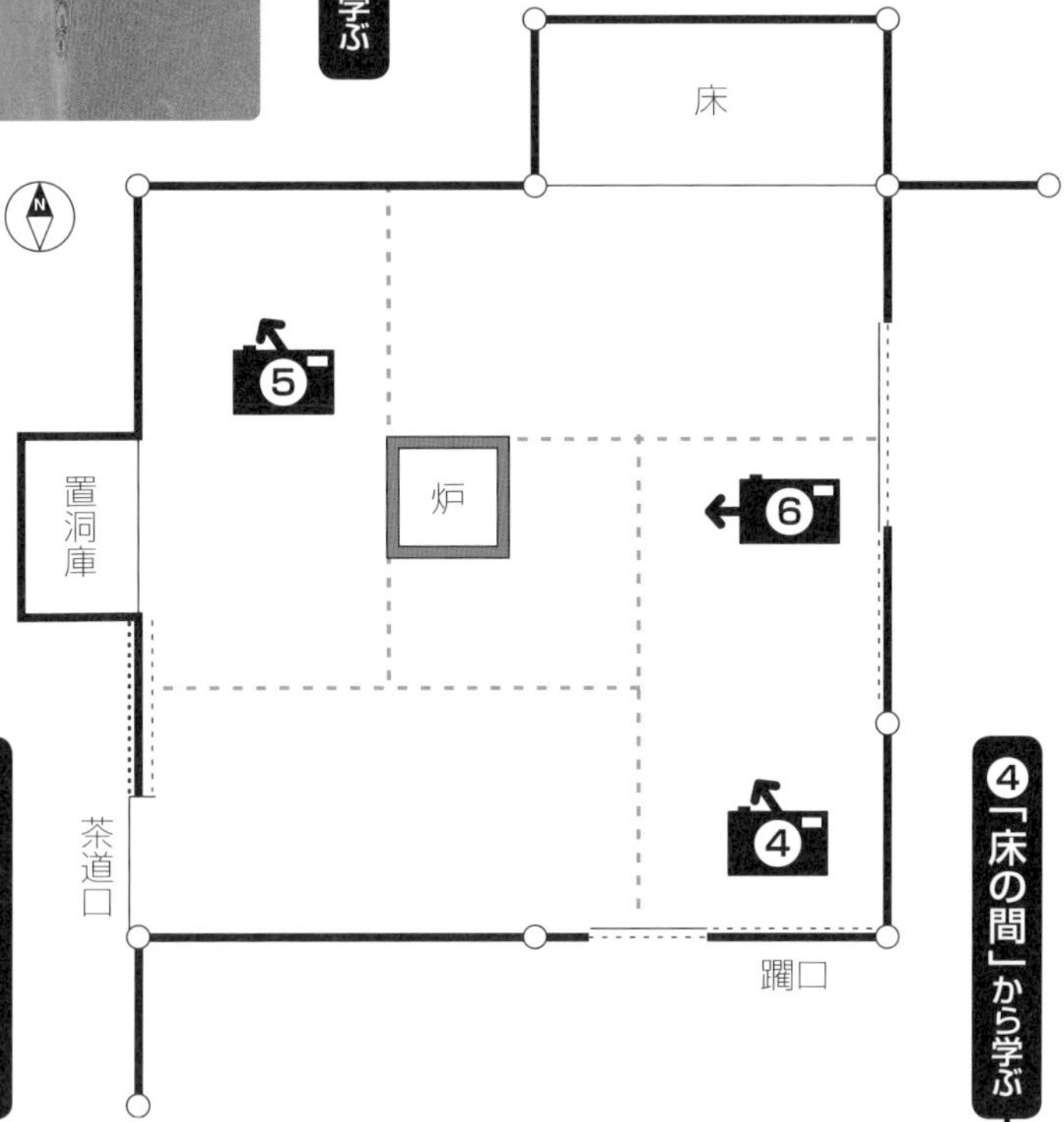

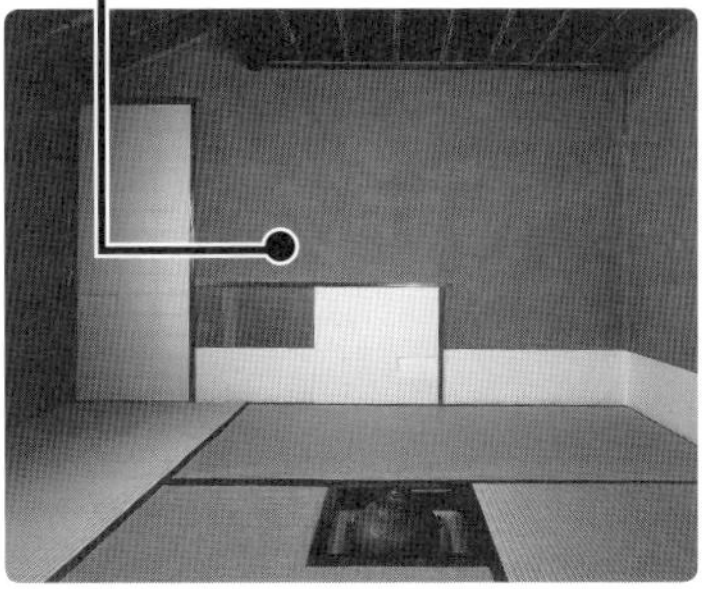

❻「置洞庫」から学ぶ

❹「床の間」から学ぶ

今日庵と又隠

今日庵《こんにちあん》は裏千家を代表し、その代名詞ともなっている重要文化財の茶室です。利休居士の孫・三代宗旦《そうたん》が、不審菴《ふしんあん》を息子の江岑宗左《こうしんそうさ》に譲った後、隠居所として建てた茶室で、一畳台目向板《むこういた》で構成された極小の茶の湯空間です。

外観は、寒雲亭《かんうんてい》の東南に低く付け下ろされた柿葺《こけらぶき》の片流《かたなが》れ屋根で簡素に覆われています。南面は躙口《にじりぐち》、風炉先窓《ふろさきまど》、その上には大きく連子窓《れんじまど》が開けられています。西面は下地窓《したじまど》に力竹を配して外観の調和を図っています。さらに東面は、水屋洞庫《どうこ》と七三《しちさん》の窓（窓の一形式。障子を引ききっても窓全体が開放されず三分目ほど残る窓のこと。今日庵の場合、外観からは短冊窓になっている）によって構成されています。

今日庵の内部は、客座が一畳で、点前座は台目畳《だいめだたみ》に向板が入れられ、炉は向切《むこうぎり》に切られています。向板の手前角には真っ直ぐの中柱が立てられ、下まで袖壁《そでかべ》が付けられている古式の手法です。点前座の勝手付《かってつき》には水屋洞庫《みずやどうこ》を備え、躙口正面に位置する床の間は極めて略された壁床《かべどこ》の形式が用いられています。この壁床の東側には火燈形《かとうがた》の茶道口が開けられています。また躙口脇から西面の客座の腰張りは反古《ほご》紙を用いており、天井は一面、化粧屋根裏天井です。

清巌宗渭《せいがんそうい》（一五八八〜一六六一）が刻限に遅れて宗旦と会えなかったことから、「懈怠比丘不期明日《けたいのびくみょうにちをきせず》」と書き残して帰ってしまいました。それに宗旦も「邂逅比《かいこうのび》丘不期明日《くみょうにちをきせず》」と応じて、茶室を今日庵と命名したという逸話で知られています。

また宗旦は家督を江岑宗左に譲って隠居してから

も諸務に携わっていたといいます。その後、宗旦が隠居屋敷を四男の仙叟宗室《せんそうそうしつ》に譲り、再度隠居するに際して今日庵の東隣に造られたのが、「又隠れる」の意から名付けられた茶室・又隠《ゆういん》です。今日庵とならぶ裏千家の代表的な茶室（重要文化財）で、利休居士の四畳半茶室を再現した茶室と伝えられています。四畳半は広間と小間の要素を兼ね備える空間で、点茶の規矩《きく》根本《こんぽん》をなす台子《だいす》点前のできる最小限の広さです。

又隠の躙口付近には宗旦の「豆撒《まめま》き石」と呼ばれる無作為に配石されたように見える飛石がありますが、これには足を運ぶための動線が隠されています。これは「乱れ飛石」とも呼ばれ、宗旦の創意と伝えられています。又隠の蹲踞《つくばい》の手水《ちょうず》は、「四方仏《よほうぶつ》の蹲踞」と呼ばれ、石塔の塔身を転用したもので、四方に仏が刻まれています。

今日庵●点前座
茶道口から点前座を望む。台目畳の奥には向板が入れられ、この板に沿って袖壁とコブシの中柱が備えられている。写真右手に見えるのが躙口。左手に見えるのが水屋洞庫。

又隠の外観は、茅葺《かやぶき》入母屋《いりもや》造《づくり》の屋根で、南面は躙口、その上に下地窓と突上《つきあ》げ窓、東面に下地窓が一つ開けられています。

内部は四畳半の本勝手。台目幅の上座床です。床柱は档《あて》丸太で、出節にナグリがかけられ、床柱の下方を中心に手斧目《ちょうなめ》がところどころ施されています。迷いのない手斧目が意匠として力強く表され、档という癖のある材を、しかも節をナグリ化粧としている床柱を拝見するだけでも、数寄屋大工の技術の高さが窺《うかが》い知れます。また点前座入隅《いりすみ》の柱は「楊子柱《ようじばしら》」と呼ばれ、上部のみ残して壁面を塗《ぬ》り廻《まわ》して下部の柱を消し、空間を広く見せています。この楊子柱には柳釘が打たれ、結び柳を入れる竹筒が掛けられます。窓は天窓（突上げ窓）を含めて三つしかなく、採光が抑制されています。天井は低く抑えられており、網代《あじろ》天井と掛《かけ》込《こみ》天井で構成されています。点前座の勝手付には置洞《おきどう》庫《こ》が備えられており、家元が還暦を迎えるまでは板戸が嵌《は》められています。水屋には「炮烙棚《ほうらくだな》」という炭道具などを準備しておける仮置棚があり、これも宗旦の意匠です。

壁面意匠の工夫

今日庵と又隠、この二つの茶室を躙口を開けて外から拝見しますと、まず今日庵は、上の方向に拡がり、ゆとりある無限の空間が感じられます。躙口の正面に床の間（壁床）があり、掛物や花が目に飛び込んできますが、次の瞬間に、正面の壁床に向かって大胆に構成された化粧屋根裏天井（奥へ向かって徐々に高くなる）が目に入ります。この天井の高さが、小間の茶室としては高く確保されているため、壁床の面積が大きく構成され、また茶道口が火燈形で控えめに開けられていることもあって、床が遥か遠くに大胆に設けられているように見えます。今日庵は四つの窓から十分な採光が得られますが、それぞれの窓が比較的大きく開けられており、窓の意匠からも視覚的に二畳以上の空間の拡がりを感じさせてくれます。

そして、この躙口からの印象と相反するようですが、席入して室内に着座してみますと、今度はまさに余分な部分をそぎ落とした究極の空間ということを実感させてくれます。

又隠●床の間
又隠の床の間は躙口の正面にある。床柱は档丸太を用いており、出節にナグリをかけ、手斧目がところどころに見られる。框は北山杉。写真左手隅には楊子柱が見える。

壁床は床の間の中でも最も略された床の間です。壁面に掛物や花入の釘を打つだけで床の間とする簡素な構えですが、掛け上がる化粧屋根裏天井と合わせて壁床を用いることで、客の席入を十分に意識した空間構成となり、宗旦の造形センスの高さが窺えます。壁床は、廊下や待合など、場所を選ばず気軽に掛物や花入を掛けて床の間とすることが可能ですが、空間の生かし方次第では緊張感や重厚感も生まれます。今日庵の壁床はそれを教示してくれる宗旦の教えといってもよいでしょう。

一方、躙口から拝見した又隠は、四畳半でありながら天井の高さが低く抑えられており、室内は薄暗く保たれています。又隠は天窓を含めて窓が三つなので、天窓を開けていなければ採光がかなり抑えられ、床の間の掛物が幽玄に映るように感じられます。温か

今日庵●壁床を躙口から望む
躙口から茶席内を望むと、壁床になっている。そのため、この部分のみ反古紙による腰張りがない。天井は壁床の方に向かうにつれて高くなるよう傾斜しており、この効果により、席入時に茶室に広がりをもたらす。茶道口は火燈形。

く包み込んでくれそうな雰囲気という印象です。躙口からの又隠は四畳半の空間が奥深く拡がり、幽遠な趣を感じさせてくれます。その空間構成の妙は、低く抑えられた天井に加え、点前座先の隅柱の土壁の塗り廻しと壁面の仕上げ方法にあるといえるでしょう。

点前座入隅は、上部のみを残して壁面を塗り廻して下部の柱を消し、空間を限りなく広く見せています。利休居士が待庵《たいあん》で使った手法と同様ですが、又隠ではここに楊子柱《ようじばしら》が一部残されており、床の間との空間のバランスを図り、より効果的な意匠に造作されています。

さらに又隠の土壁の仕上げは、引《ひ》き摺《ず》り壁といって聚楽土《じゅらくつち》に布海苔《ふのり》を混ぜた土を上塗りの下地とし、再度その上から仕上げ用の聚楽土を塗って仕上げています。これは壁面に凹凸のおとなしい波紋が一面に現れ

又隠●楊子柱
又隠の北西の入隅の柱は、上部のみ残して下部は塗り廻しにして柱を消している。

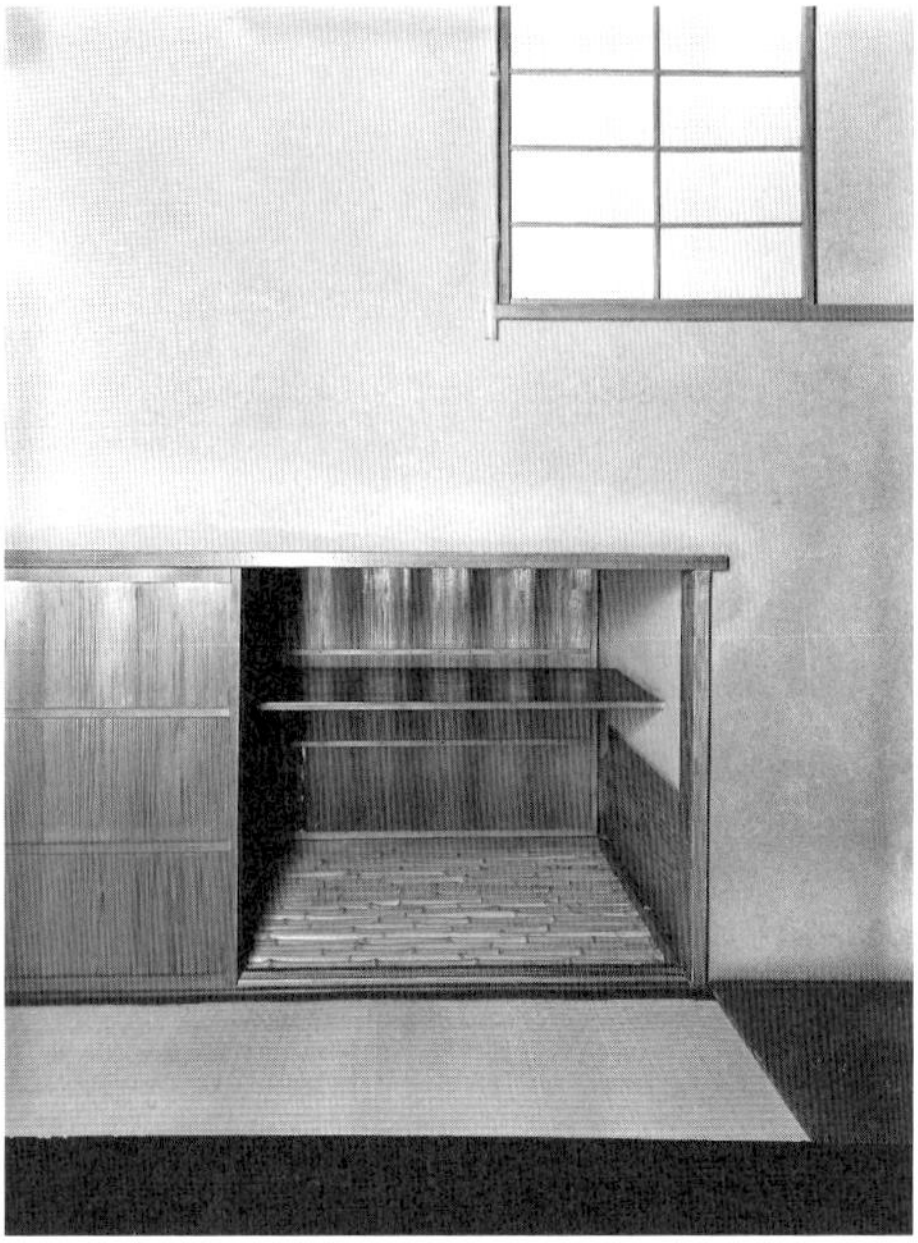

今日庵●水屋洞庫
今日庵の洞庫は棚が吊られ、簀子が備えられている。

又隠●置洞庫
又隠の西側壁面に備えられた置洞庫。

る仕上げ方で、これにより凹凸に微妙な陰影が生まれ、腰張り下の波紋も含めて茶室の雰囲気を作り上げています。粗野の中にも細やかなところまで技を使う宗旦のこだわりの造形といえるでしょう。

洞庫の工夫

今日庵と又隠はどちらも洞庫が備えられています。洞庫は茶室の勝手付に仕付けられた押入式の棚ですが、水屋洞庫と置洞庫があります。水屋洞庫は茶室に仕付けられ、棚下に水屋簀子《すのこ》を設けて湯水を流すことができます。そのため建具は木製の片木戸《へぎど》が一般的です。今日庵はこの水屋洞庫の形式です。

また置洞庫は茶室の勝手付の開口部を利用し建具を開閉する形式です。棚板のみで底板がない移動可能なもので、建具が襖《ふすま》となります。置洞庫は水屋側のゆとりと水屋棚などへの動線の配慮が必要となります。又隠はこの置洞庫の形式をとっています。

宗旦の晩年のこの二つの茶室は、どちらも洞庫を備えた茶室です。侘びの宗旦と伝えられているように、客への最善のもてなしのための工夫といえます。茶室のデザイン性と使い勝手、そして客への配慮を併せ持った巧みな意匠で、現代でもこのような偏りのない考え方から生まれる工夫を心がけたいものです。利休居士の茶室を踏襲した宗旦の心に学ぶべきところはたいへん大きいように思われます。またその意味でもこの二つの茶室の存在意義は、現代のわれわれにとって、まさに名茶室に学ぶに相応《ふさわ》しい重要な茶室といってもよいでしょう。

密庵席・霞床席

真と草を融合した空間

密庵席

龍光院内
所在地● 京都市北区紫野大徳寺町

❶「密庵床」から学ぶ

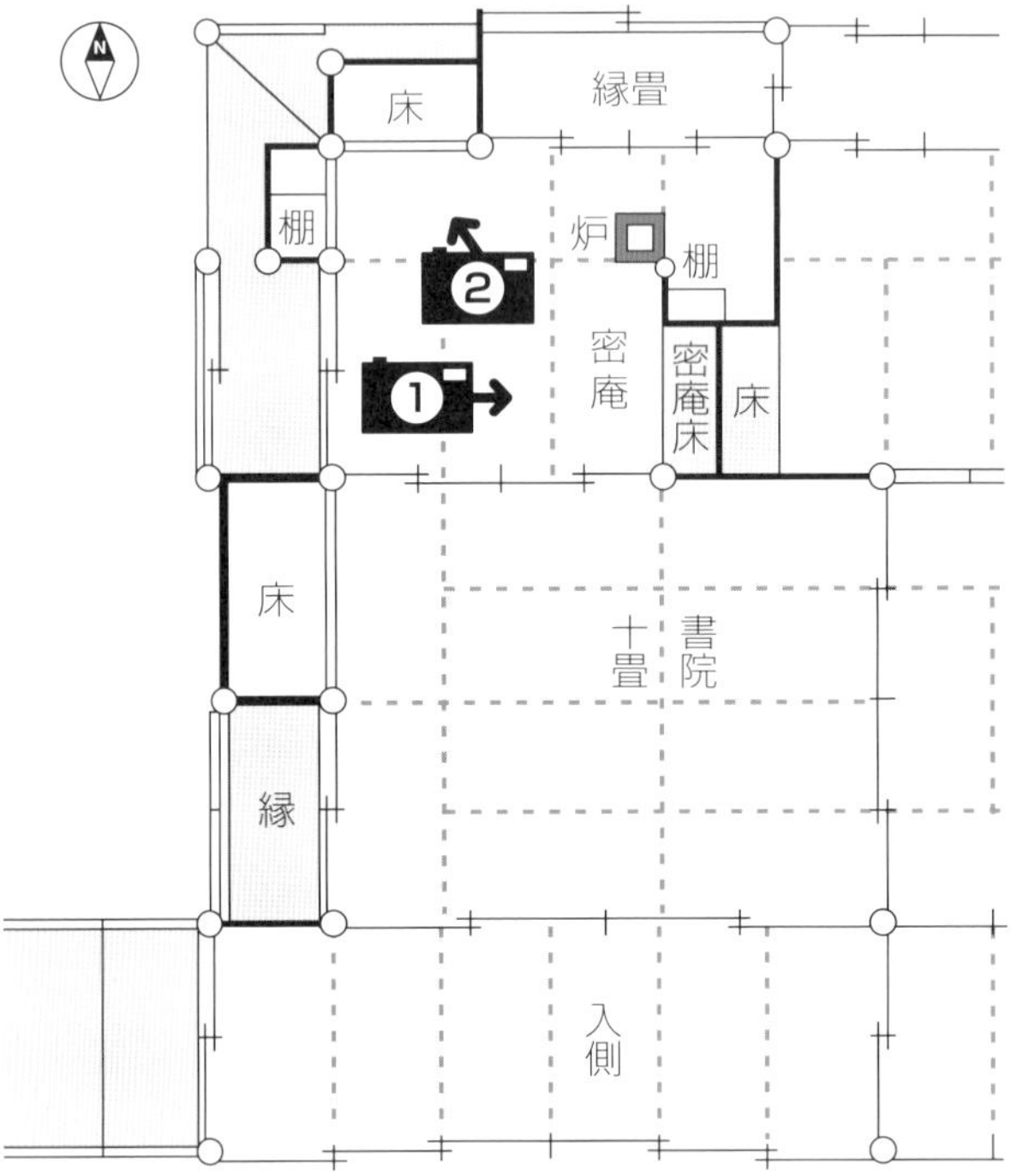

❷「床と違棚」から学ぶ

密庵席の特徴―真と草の融合

大徳寺の山内にある龍光院《りょうこういん》は、福岡藩主黒田長政（一五六八～一六二三）が父如水《じょすい》の菩提を弔うために、春屋宗園《しゅんおくそうえん》（一五二九～一六一一）を開祖として慶長十一年（一六〇六）に創建した塔頭《たっちゅう》です。その後、春屋宗園は慶長十六年に遷化《せんげ》したため、その年、法嗣《はっす》である江月宗玩《こうげっそうがん》が跡を継いでいます。江月宗玩は、堺の茶人津田宗及《つだそうぎゅう》の子で、小堀遠州《こぼりえんしゅう》を茶の湯の師としていたことや、寛永の三筆の一人である松花堂昭乗《しょうかどうしょうじょう》とも親交のあったことが知られています。

龍光院内にある茶室・密庵席《みったんのせき》は、小堀遠州の好みと伝えられています。もともと庭に独立していた小さな建物であったらしく、『松屋会記《まつやかいき》』の寛永十八年（一六四一）六月二十九日の条に図が描かれています。それによれば今の南側の十畳の書院は存在せず、南面から西面の折りかねに縁が付けられていて飛石伝《とびいしづた》いに縁に上がって席入となっていたようです。そして、現在の密庵床《みったんどこ》（点前座と並ぶ書院床）のところは「書院」と記されており、「書院に硯・筆掛《ひっか》（架）・竹・墨・水入・羽箒《はぼうき》」が飾られ、違棚《ちがいだな》に「獅子の香炉・羽箒」が飾られており、床の間の横に火燈口《かとうぐち》（給仕口）、点前座側には方立口《ほうだてぐち》（茶道口）が設けられていたことが伝えられています。

また露地は、植込みとともに松・落葉とグリ石（岩石を割って小さな固まりにした石材）によって構成されていたことも記されており、かつての姿が窺《うかが》えます。

密庵席は、四畳半台目《だいめ》に中柱を立て、出炉《でろ》の台目切となっています。この席の大きな特徴は、書院と草庵を巧みに融合させており、真《しん》と草《そう》を共存させることによって、その中庸的な行の姿を窺わせる遠州独特の意匠といえます。

その例としてまずあげられるのは壁の意匠です。茶席の下部は張付壁《はりつけかべ》（紙張りで周囲を四分一《しぶいち》という細い縁で押さえた壁）に山水の絵を描き、黒塗りの四分一で仕上げており、茶席の上部は土壁で聚楽《じゅらく》仕上げとなっています。一つの茶席の中で二つの手法を上手に纏《まと》めている点をみても遠州の非凡さがよく現れています。そして点前座周辺では、台目畳の中柱に真っ直ぐな杉丸太を据え、この丸太には全体に手斧目《ちょうなめ》が見られます。袖壁《そでかべ》は土塗ではなく、おとなしい杉の中杢《なかもく》の板（杢目の山が中央部にきている板）が嵌《は》め込まれており、書院との調和を目的とした遠州の好みがよく表されています。釣棚は上棚が大きく下棚が小さい織部好みの雲雀棚《ひばりだな》の形式が取られており、この点前座も張付壁の手法で仕上げられていますが、天井は一段低い落《おち》天井の形式を採用しています。

現在、腰障子四枚が入っている箇所が、『松屋会記』が伝えている茶道口（方立口）と、給仕口（火燈口）であったことを想像すると、この構えはいっそう書院の中の草庵の雰囲気を色濃く漂わせており、意図的に書院と草庵の融合を好んだ遠州の様子が浮かび上がってきます。

この点前座の奥には、風炉《ふろ》先床《さきどこ》のような形で、当初は書院であったと推測される密庵床が設けられています。

密庵床の床の間は台目床で、床柱は档《あて》丸太に手斧目が施されています。この床柱はたいへん特徴的で、遠州の深い想いが柱一本に意匠として表されていると

密庵席●密庵床

「密庵床」と称されるこの床は、龍光院伝来の密庵禅師の墨蹟を掛けるためのものといわれている。写真中央部にある袖壁は杉の中杢板。中柱は杉材。袖壁の裏側には雲雀棚が設けられている。写真左手にある腰障子の箇所に、かつて茶道口と給仕口があった。

思います。この柱は、下部の床框《とこがまち》あたりの部分は角柱を思わせる意匠にし、その上部は全体的に粗野な手斧目を施して角を残しつつ丸味を持たせ、落し掛けあたりの最上部は丸太の自然な姿を残しつつ仕上げられています。

床框は面取りの黒塗りとし、落し掛けは、中ほど下面に皮目を少し残す草庵的な手法が施されています。床の中は張付壁に黒塗りの四分一であるため、書院風の格調を持たせながらも、手を加えた床柱や落し掛けからなる草庵の佇《たたず》まいが上手に調和しています。これらが遠州の才覚であり、珠光《しゅこう》・紹鷗《じょうおう》・利休・織部《おりべ》を継嗣する遠州の独特な好みといえます。また、その茶風とも大きな関わりがあるといえるでしょう。

さらに床脇の違棚は、棚の両脇の柱にあえて節やえくぼのある杉の面皮《めんかわ》を用いて草庵的な趣を表していま

密庵席●床と違棚
床柱は、上部、中部、下部とでそれぞれ仕上げが異なっており、遠州の深い心入れを感じさせる意匠。違棚の透かしは松皮菱と七宝繋ぎ。地袋と天袋の小襖の絵は松花堂昭乗の筆と伝わる。

す。地袋と天袋の小襖は、松花堂の筆と伝えられており、幕板は上に松皮菱《まつかわびし》、下は木瓜形《もっこう》に七宝繋ぎを配しています。さらに腰高障子は二本の組子から成る二子桟《ふたごさん》を用い、腰の部分は七宝繋ぎ紋を雲母摺《きらず》りにした唐紙を張り、赤溜塗の横桟を三本ずつ寄せる吹き寄せにし、遠州らしい華やぎのある意匠としています。

真（書院）と草（草庵）を融合した空間は、茶室全体を見てみれば、書院の中に台目構えが組み込まれていることや、張付壁と土壁仕上げが混在していることで分かりやすく表現されています。そして、さらに床の間の調和や床柱の拘《こだわ》り、違棚など個別にも細やかな融合が図られ、それが意匠化されていることに気づかされます。

玉林院の霞床席

もう一つご紹介するのは、同じく大徳寺塔頭の玉林院《ぎょくりんいん》の霞床席《かすみどこのせき》です。密庵席が十七世紀中頃の茶室であるのに対して、霞床席は十八世紀中頃、寛保《かんぽう》二年（一七四二）に建てられた茶室です。霞床席も密庵席と同様に書院と草庵を融合させた工夫がされています。その最たる例は、やはり壁面の意匠です。

この席の大きな特徴である霞床《かすみどこ》は一間床で左右いっぱいに違棚を取り付けた奇抜な工夫で、奥の壁と棚の間に隙間をつくり、富士の絵を掛け、違棚をたなびく霞に見立てています。席名もこれに由来しており、たいへん有名な意匠です。

床の内部は張付壁に黒塗りの四分一で仕上げており、ほかの壁面も、竹の付鴨居《つけかもい》より下部は張付壁に四分一

霞床席

玉林院内

所在地・京都市北区紫野大徳寺町

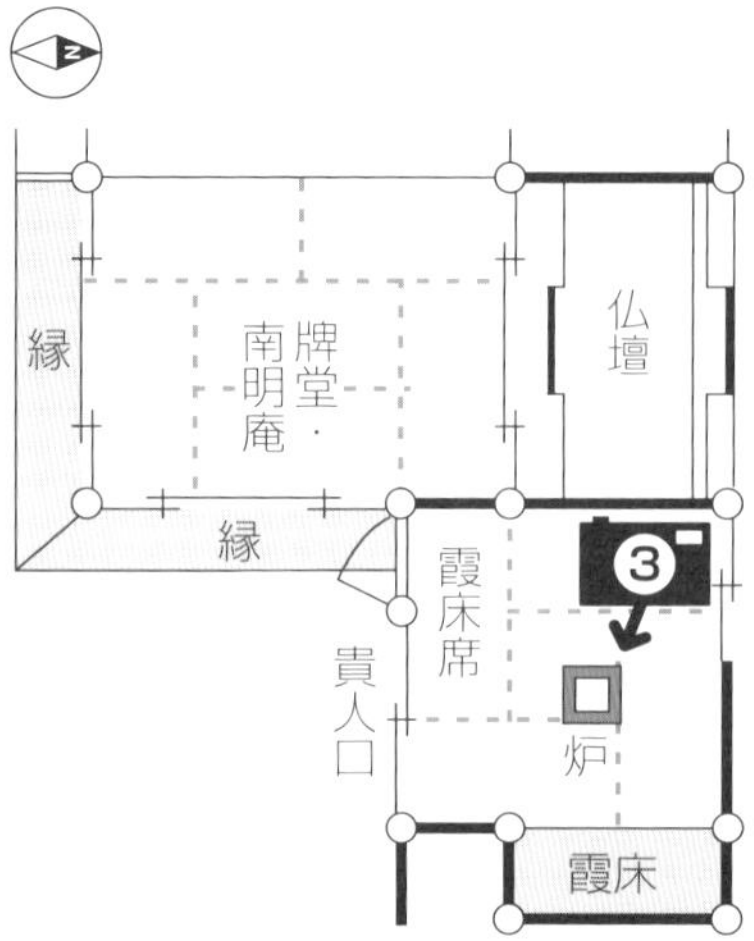

③

霞床席・霞床

一間床いっぱいに違棚を取り付けた玉林院霞床席の霞床。天井は格子状の格天井になっている。

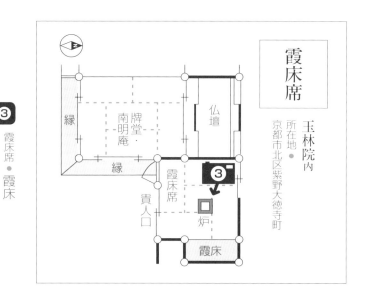

仕上げとなっています。また付鴨居より上部は土壁の聚楽仕上げとなっており、密庵席と共通する工夫がされています。しかし、山水が描かれている密庵席と違い、霞床は何も描かれていない白の張付壁であること、柱は野趣ある皮目を残した面皮柱を用いていること、蹴込床《けこみどこ》の蹴込に煤竹《すすたけ》を用いていること、長押《なげし》の代わりをしている付鴨居に竹を多く取り入れていることで、いっそう草庵的な要素を採り入れています。またそれとは反対に天井を格《ごう》天井として、杉の柾目板《まさめいた》を交互に用いて市松《いちまつ》に張り、違棚とともに書院の格式をとどめているのが特徴です。

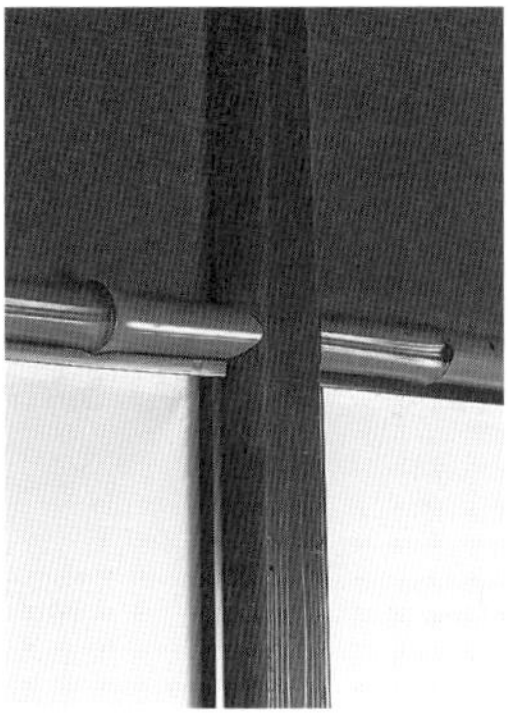

白地の張付壁の上部には、竹の付鴨居が横に渡されている。

現代の建築意匠において和洋折衷《わようせっちゅう》という考え方がありますが、二つの異なった建築様式を融合させて新しい空間づくりをするという意味で、大きなヒントになると思います。例えばそれは、天井だけを特別な様式に変化させる、床の間の意匠を考える、柱の種類を吟味する、建具や壁面の素材や手法を工夫することなど、茶室づくりの多くの局面で独創的な空間づくりに道を開いてくれるものといえるでしょう。

密庵席、霞床席はいずれも国宝、重要文化財の茶室ですが、私は茶室を好んだ先人の茶の湯者の意図を細部にわたって拝見し、真に理解できたとき、これらの茶の湯者たちに時代を超えて出会うことができると思っています。

蓑庵　土壁と採光、水屋の動線の工夫

玉林院内
所在地●京都市北区紫野大徳寺町

❷「水屋の動線」から学ぶ

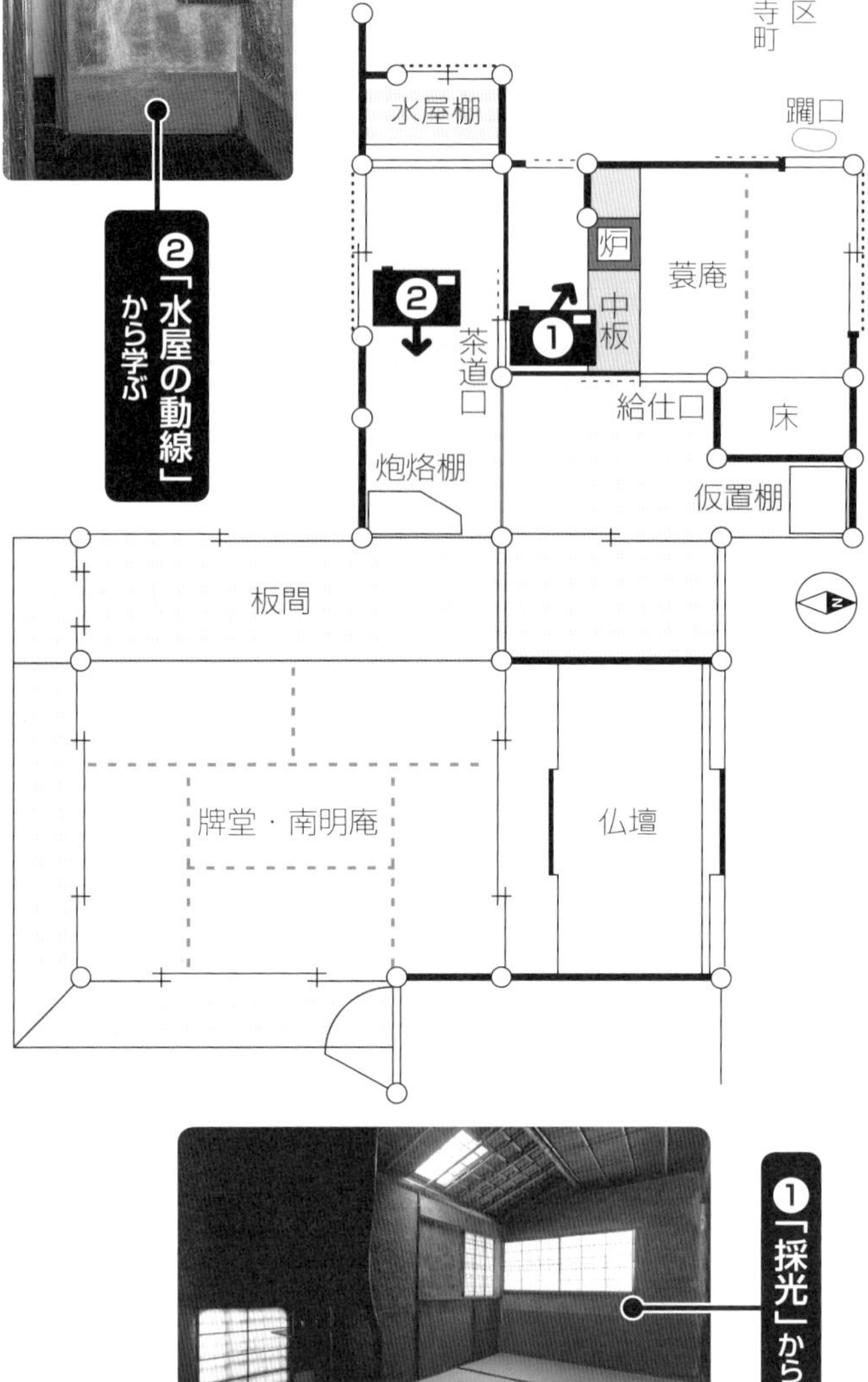

❶「採光」から学ぶ

大徳寺の塔頭《たっちゅう》である玉林院《ぎょくりんいん》は、後陽成《ごようぜい》天皇の御典医《ごてんい》や豊臣家・徳川家の侍医《じい》を務めた曲直瀬正琳《まなせしょうりん》（一五六五～一六二一）が月岑宗印《げつしんそういん》（一五六〇～一六二二。大徳寺百四十二世）を開山として、慶長八年（一六〇三）に正琳院として創建しました。慶長十四年に火災に遭うも、月岑和尚によりまもなく再興され現在に至ります。その際、正琳の「琳」の字を二つに分け「玉林院」と名を改めました。その後八世大龍宗丈《だいりゅうそうじょう》和尚（一六九四～一七五一）の時代に大坂の鴻池了瑛《こうのいけりょうえい》により祖先の牌堂《はいどう》である南明庵が造営され、付属施設として茶室蓑庵《さあん》と霞床席《かすみどこのせき》が設けられました。

牌堂を中心とする一連の施設は、利休百五十回忌の翌年の寛保《かんぽう》二年（一七四二）四月二十二日に落成となったことが棟札《むなふだ》によって知られています。この棟札には「当庵建立大壇那山中石惣居士」「化主大塚常夢」、「本堂工匠　林重右衛門宗友」「数寄屋鏁之間　工匠遠藤庄右衛門隆明」と記されています。そこから、本堂（牌堂）の堂宮大工と茶室部分が数寄屋大工の合作であり、それが上手に一つに融合されていることが読み取れます。了瑛は茶室を組み入れたこの牌堂の建設に当たって、特に茶事を想定して茶室と露地の配置を行ったようです。またその背後には師である表千家七代・如心斎《じょしんさい》の姿があったと推測されます。

茶室蓑庵は、牌堂の西側に、躙口《にじりぐち》が西面するように建てられています。外露地から中門《ちゅうもん》を越え、内露地の敷石に導かれ躙口へと誘われます。屋根は切妻《きりづま》屋根に庇《ひさし》を付け下ろしています。蓑庵の扁額は大龍和尚の筆によるものです。蓑庵の内部は三畳中板、上げ台目《だいめ》切《ぎり》で下座床《げざどこ》に構成されています。上げ台目切は点前座が丸畳一畳となるため、点前座が台目畳である一般的な台目切の席に比べてゆとりがあり給仕もしやすいのが特徴です。また点前座一畳と客座二畳の間に一尺四寸（約四二センチ）の炉が切られた中板が入れられており、亭主の座と客座の間合いも工夫されています。茶の湯に習熟していればこそ深く理解できる平面構成といえるでしょう。

計算された採光

天井は床前に長片木板《ながへぎいた》竹竿縁《たけさおぶち》の平天井、躙口側を竹垂木《たけたるき》の化粧屋根裏（掛込《かけこみ》天井）とし、点前座上を蒲《がま》編《あみ》竹竿縁の落《おち》天井としています。茶室の窓は客座側に連子窓《れんじまど》、躙口上に下地窓《したじまど》、化粧屋根裏に突上《つきあ》げ窓、点前座先に風炉先窓《ふろさきまど》の四つの窓が開けられています。

客座側の連子窓と下地窓は床の間から少し離れて設けられており、その奥に位置する床の間には墨蹟窓《ぼくせきまど》を設けておらず、採光が抑制されています。しかし驚くのは突上げ窓を開けて光を採り入れると、時間帯に応じて光が移動し、床の間の相手柱や壁面に光の屈折が生じて独特の明暗が生じ、掛物や花を照らし出す工夫が成されていることです。これは西向きという方位設定、そして午後の陽光を考え、その光の動きを計算に入れて突上げ窓が設けられたと思われます。さらに驚くべきことに、点前座で濃茶を練るその茶碗に柔らかい光が差し込み、明るく照らしてくれるのです。正午の茶事で、ちょうど濃茶の頃に、光が突上げ窓から点前座へと移動して手元を明るくしてくれることに、亭主はみな感動することでしょう。またそこまで茶室の採光に拘《こだわ》り、光を自由自在に操る仕組みは、偶然とは思えない茶の湯の工夫の妙を感じます。

蓑庵●茶室内
西向きの突上げ窓から室内に光が差し込む。また、点前座にも西向きの窓が設けられており、点前する手元をやさしく照らす。

「天下一品」の土壁

蓑庵の土壁は見事な長スサ入の壁となっています。これは長い稲藁《いなわら》のスサを塗り込んだもので、高い技術を要すため、天下一品の壁とも評されています。長いスサ入の土壁は、仕上がるとスサが強く主張するため、塗り込める際に自然なバランスが望まれます。意匠を凝らして塗り込めると茶室内部の落ち着きを阻害する恐れがあります。理想を言えば風に舞った長スサが塗り立ての土壁に飛んで張り付いたような自然な姿が好ましいものです。過去にこのような土壁仕上げを見たことがありますが、離れたところから長スサを放り投げて風に任せて張り付いたところに塗り込めていたことを思い出します。

蓑庵の長スサは、どのように塗り込められたものかはわかりませんが、「天下一」と言わせる自然な姿に仕上げられており、なかなか模倣することのできない風合いを伝えています。

土壁は茶室全体のうち多くの面積を占め、外観・室内ともにその仕上げ方法が茶室の雰囲気を決定するといっても過言ではありません。そのため、土壁の仕上げ方法は、スサや錆《さび》入れ、色付、引《ひ》き摺《ず》り、中塗り仕上げなど様々な選択によってその独自の茶の湯空間が形成されます。左官仕上げはその職方の性格が現れるものとされ、細やかな人、大雑把な人、短気な人、おっとりしている人など、性格の違いで不思議とその仕上がりが変わってきます。蓑庵の土壁は、江戸中期の左官職人の強い意気込みを感じさせてくれる必見の土壁です。

蓑庵●床

床には墨蹟窓が開けられていないが、時間帯により、突上げ窓から回り込んだ一条の光が照らす。抑制されながらも効果的な光の演出。

動線を配慮した水屋の構成

蓑庵の亭主の出入口には、茶道口と給仕口があります。茶席から茶道口を出ると勝手の廊下西側に水屋棚が設《しつら》えられています。これは水屋流し、腰板、上下二段の棚と二重の釣棚という利休流水屋の古い実例となっています。これら水屋の土壁も自然な姿でスサが塗り込められています。

また水屋棚に相対する方向には、仮置棚が設置されています。茶席から茶道口を出て、向かって左側の隅に取り付けられた宗旦《そうたん》好みの「炮烙棚《ほうらくだな》」です。この棚は裏千家の又隠《ゆういん》や表千家の不審菴《ふしんあん》の水屋にもあり、茶道口付近に設けられ亭主が炭道具などを仮置《かりおき》するものと

蓑庵●茶道口
写真左手の給仕口は火燈形、中央の茶道口は方立形に仕上げられている。全面に長スサが施された土壁も見どころ。

蓑庵●水屋
腰板が張られ、二重棚の上部左隅には二重の釣棚も付けられている。利休による水屋の実例として、もっとも古い時代に属する例として知られている。

して大切な役割を果たします。この水屋棚の配置と仮置棚の位置は、炭手前や濃茶・薄茶のための水屋として考えられており、懐石などの準備や運びの動線とは交わらない工夫がされています。

茶席から給仕口を出るとすぐ左側に懐石などのための仮置棚が設けられています。これによって勝手から運ばれる懐石などがお茶の点前の準備と重ならない配置と動線になっています。そしてさらに、給仕口から出入りする際に粗相《そそう》のないよう、給仕を大回りさせるための結界の竹が目の高さほどのところに三本、間合いよく通されています。あわてて給仕をすることのないような工夫です。これは露地でいえば関守石《せきもりいし》や関竹と同じで、進入禁

蓑庵●炮烙棚
茶道口付近に備えられているのは炮烙棚と呼ばれる仮置のための棚。炭手前などの際の使い勝手に富んだ工夫。

止あるいは要注意のサインを表しているものと考えられます。

　また蓑庵の勝手と隣接して位置する牌堂脇の廊下にも同様の工夫があります。これは牌堂内部と廊下の区別を一本の皮付の赤松丸太を鴨居《かもい》代わりに通すだけで領域を分けています。通常ならば敷居・鴨居を入れて襖や障子を入れるところですが、丸太を一本入れることで空間の仕切りを演出しています。なお牌堂外周の土間には、樂家《らくけ》七代長入《ちょうにゅう》による赤樂の敷瓦《しきがわら》が四半敷きで敷かれ、建物との調和を図っています。これらの数々の工夫は、茶の湯を極めた人の合理的な動線計画によるものであり、それぞれの場所での働きを熟知してこそ成せる工夫といえるでしょう。蓑庵の茶席内部はもちろん、水屋の動線も使い勝手をとことん意識して工夫された見どころの多い茶の湯空間といえます。

蓑庵●仮置棚

蓑庵の床の裏には、懐石などのための仮置棚が設けられている（左手に見える襖が給仕口）。給仕の者があわてて移動しないよう、目に入る位置に竹が三本通されている。

八窓軒 採光、色調と平面構成の工夫

曼殊院内
所在地●京都市左京区一乗寺竹ノ内町

❶「壁面のコントラスト」から学ぶ

❸「茶席と水屋の平面構成」から学ぶ

❷「採光」から学ぶ

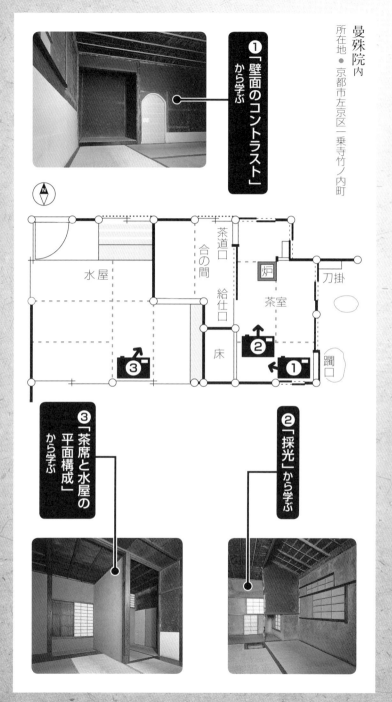

曼殊院《まんしゅいん》は天台宗に属し、代々、皇子皇孫が入寺する門跡寺院で、竹内門跡とも称されていました。もとは伝教大師最澄《でんぎょうだいしさいちょう》（七六七〜八二二）の草創に始まり、比叡《ひえい》山《ざん》西塔北渓にあって「東尾坊」という号でも知られています。当院は明暦二年（一六五六）、桂宮智仁親王《かつらのみやとしひとしんのう》の次男（のちに後水尾《ごみずのお》天皇の猶子となる）である八条《はちじょう》宮良尚《のみやりょうしょう》法親王のとき、内裏の北東から現在の地に移されています。親王は造営に苦心され、庭園、建築ともにその識見、創意によるところが大きく、江戸時代前期の代表的な書院建築と言えます。その建築様式は桂離宮《かつらりきゅう》との関連が深いことでも知られています。

曼殊院の茶室は重要文化財に指定されています。窓が八つあることから八窓軒《はっそうけん》と呼ばれ、小堀遠州《こぼりえんしゅう》の作とも言われてきました。また良尚法親王の兄智忠《としただ》親王が桂離宮を増営したころと時を同じくしていることから、「桂離宮余材説」もありました。しかし近年の調査を経ても確証を得られる情報はありません。また遠州が移築の九年前（正保四年）に没していることから、年代的に合わず、小堀遠州説は成立が困難とされています。しかし茶室の細部の意匠が遠州の好みに数々一致することから遠州説が伝えられてきたものと推測されます。

黒く塗られた壁の効果

茶室は小書院の北に東面して建ち、袖壁《そでかべ》に刀掛《かたなかけ》が備えられています。水屋軒下から片流《かたなが》れ屋根を葺《ふ》き下《お》ろした形となっていて、西に二畳ほどの合《あい》の間と五畳半ほどの水屋が続いています。

内部は三畳台目の構成であり、中柱付の台目切《だいめぎり》、そして八つの窓が配されています。この八つの窓は、仏教の八相成道《はっそうじょうどう》という釈尊の生涯を八つの場面に分けて説いたものを窓で表現していると言われています。茶室西面には茶道口と給仕口、床の間が一つの壁面に並んで存在します。

躙口《にじりぐち》の板戸を開けると、正面に台目幅の床の間が位

八窓軒●外観（上）
八窓軒の外観。片流れの屋根には突上げ窓が開けられているのがわかる。

八窓軒●床（下）
躙口から、正面にある床を見る。壁面のくすんだ黒と、給仕口の白い太鼓襖とのコントラストが鮮やか。

置し、その右手に給仕口と茶道口の白い太鼓襖《たいこぶすま》が目に飛び込んできます。それはスサ入の土壁が黒くくすんでおり、太鼓襖、腰張《こしば》り、障子の白さが対照的に映り、すがすがしい緊張感を醸し出しているからです。これはまさに「遠州の白」と表現されているように「綺麗《きれい》さび」を演出しているようにも思われます。黒くくすんだ壁面は、外の光に直接照らされる壁を黒くしており、一説には烏賊《いか》の墨を使ったものではないかと伝えられています。また直接光の当たらない壁は黒く塗られていないのが特徴的です。

床柱は手斧目《ちょうなめ》でハツリを付けた赤松皮付、相手柱は皮付雑木丸太、床框《とこがまち》は黒塗り、床天井は鏡天井で七尺二寸五分（役二一〇センチ）という、小間の茶室としてはやや高くなっています。これは恐らく、長い掛物を用いるために造作させた貴族的趣向の現れのように思われます。

天井は床前が蒲《がま》の平天井、躙口側が化粧屋根裏天井で中央に突上《つきあ》げ窓が開けられており、床前の平天井がそのまま点前座まで延び、貴人座《きにんざ》と点前座を同列に扱った天井構成となっています。化粧屋根裏は、垂木《たるき》に皮付丸太、磨丸太と材をかえて意匠に変化を付けている遊び心が感じられる趣向です。

八つの窓が織りなす採光

中柱は桜の皮付で素直な曲がりを見せています。二重釣棚の雲雀棚《ひばりだな》があり、風炉先窓《ふろさきまど》、色紙窓《しきしまど》が備えられています。この席もそうですが色紙窓は通常畳に接して下地窓《したじまど》、その上に連子窓《れんじまど》の構成となるのが一般的です。しかし例外的に桂離宮の松琴亭《しょうきんてい》など、連子窓の上に下地窓が配されているものもあります。

八窓軒●南側壁面の窓

点前座側から茶室を見渡すと、天井に突上げ窓が、躙口の真上と南側壁面に窓が開けられている。

八窓軒●点前座側の窓

上写真とは逆に床側から茶室を見渡す。点前座周辺に窓が三つ、また写真右手の躙口側の壁には窓が二つ開けられている。席中の八つの窓から八窓軒と呼ばれている。なお、手前の襖は給仕口で、写真奥に見える襖が茶道口。

東側壁面の連子窓のすぐ上には横に細長い下地窓が配され、まるで欄間窓《らんままど》のように意匠化されています。これは遠州が好んで用いた手法でもあります。松琴亭にも見られた手法で、遠州好みといわれる所以《ゆえん》の一つと考えられます。

席中から見て、躙口の右手（南面）にある縦長の下地窓は、虹窓《にじまど》と呼ばれています。これは障子に桟《さん》の影が映りこみ、虹のような色が浮かび上がるためです。虹色は光の回折《かいせつ》現象で、季節、時刻、晴曇、外界の色調の変化によって七色を思わせる色彩が現れます。新緑や紅葉の季節にはそれぞれ異なった色彩が現れるこの現象は、東面の連子窓にも現れることもあります。また突上げ窓は、月をめでる窓として開けられたという寺伝があります。これら八窓軒の窓のデザインはすべて長方形で纏《まと》められています。縦長、横長、細いもの、幅広いもの、様々な長方形を上手に壁面に配置し、採光と色調をバランスよく構成しており、茶の湯のための空間の間の良さを感じさせてくれます。また南面の下地窓からは、書院の一部の庭が見えるように工夫されていますが、これがこの広い庭のうちで最も重要な部分である巧みな枯山水の石組を見せるための窓となっています。

茶室は露地と一体であることが望まれます。その意味では、八窓という窓一つ一つに役割があり、位置や形状、大きさが配慮されているものといえます。

席中の窓以外でも、同様に特に配置が工夫されている窓があります。それは茶道口から水屋に出たところの北壁面上部に一つ開けられた窓です。これは客側からは見えない位置に設けられており、茶道口前に座ると、その上部から優しい光が差し込み亭主の茶の湯の進行を助けてくれます。

茶道口が開けられた瞬間、背後に映る窓や壁の意匠、そして光の採り入れ方は、たいへん難しく、席中に比べて、極端に明るすぎず、暗すぎずという優しい光量が望まれます。その意味でも上方に窓を設けて光を均一化させる工夫はたいへん有効です。これらの窓の絶妙な配置と意匠は、亭主と客の働きを十分に理解してこそ成せるものといえるでしょう。

八窓の席と呼ばれるものに、桂離宮の松琴亭、南禅寺金地院《こんちいん》の茶室、大阪一心寺《いっしんじ》茶室があげられます。歴史的には、松琴亭が一番古く、次に曼殊院と続きます。

奥深さを生む平面構成

もう一つの特徴として上手に配された席中と水屋の平面構成があげられます。まず席中は、三畳台目の平

八窓軒●水屋
写真右手の襖が茶道口。茶道口と給仕口を出たところに、袖壁で仕切られた「合の間」が設けられる。この壁により席中から水屋が見えず、また雑音が席に入らない工夫が成されている。

面構成ですが、実際は長四畳に近い亭主と客の間合いとなっています。亭主と客の間には畳一畳分の空間があり、小間席でありながら八畳の広間の席の間合いと同じゆとりのある平面構成となっています。躙口より席入した客は席中が「奥深い」という印象を持つことでしょう。

また水屋は、給仕口の背後に二尺ほどの袖壁を付け、更にその後ろに一間の袖壁が造作されており、それぞれの袖壁の間に二枚の建具を設けて仕切り、合《あい》の間《ま》として使用されています。そしてその裏側は五畳半ほどの水屋の間とし、北側に一畳半大の板敷き、その東側隅に水屋流しのみが設けられ、水屋棚は備えられていません。水屋棚の存在しない簡略な水屋の姿は古様の姿を伝えています。

水屋の平面構成は、袖壁によって仕切られているため席中から水屋の姿が一切見えない配置となっており、湯水を扱う水屋流しや水屋の雑音の防音効果ももたらされています。これらの水屋の平面構成、また正客までの奥深い間合いという茶室内の平面構成を考えると、茶の湯巧者による配慮の行き届いた空間構成と言えるでしょう。これらは現代の建築でも学ぶべきポイントであり、おろそかにしがちな裏方を改めて考えさせてくれることでしょう。

蔵六庵・落葉亭

客座に台目畳を用いる工夫

蔵六庵

龍安寺内

所在地●京都市右京区龍安寺御陵下町

❶「台目畳の客座」から学ぶ

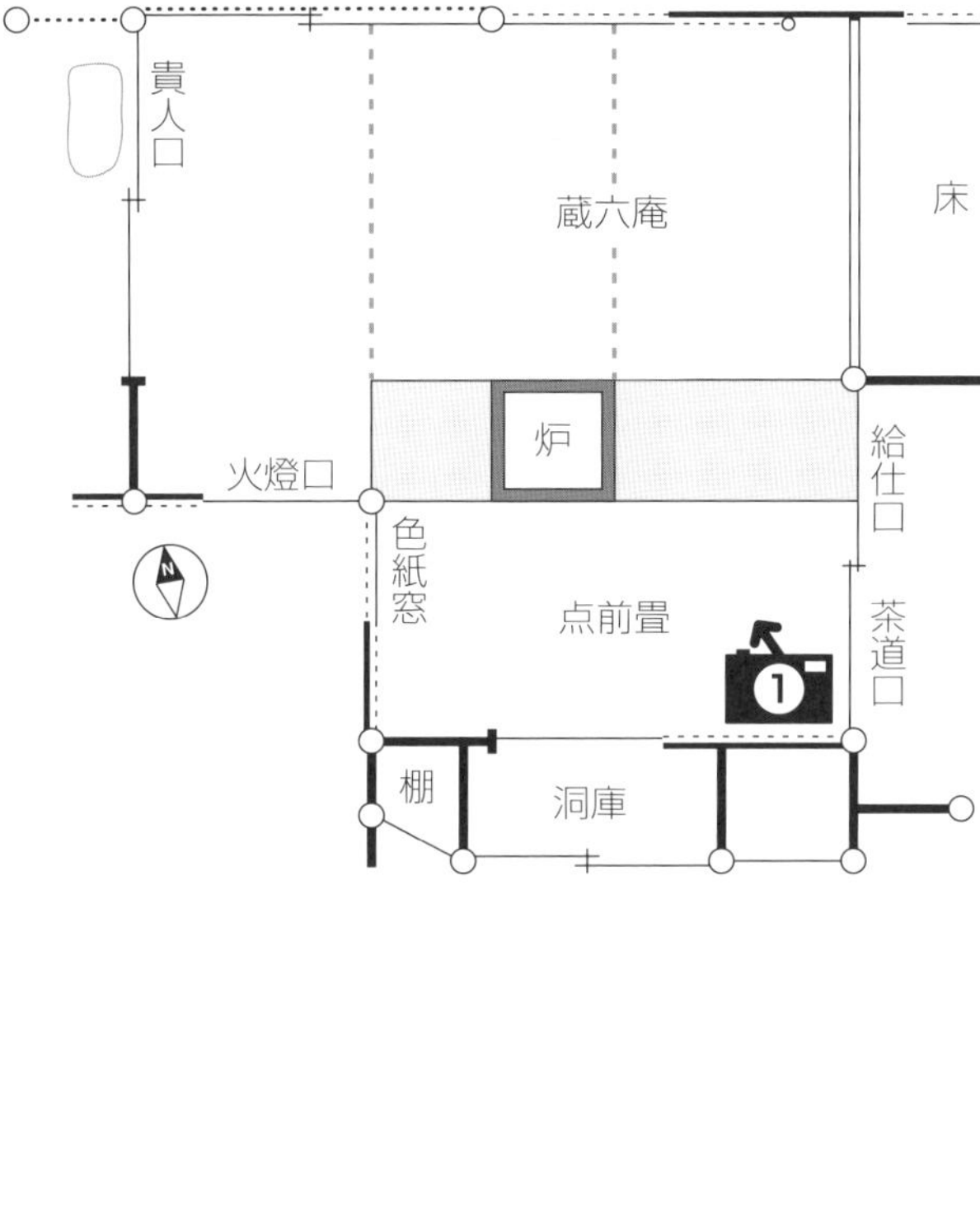

龍安寺・蔵六庵とは

龍安寺《りょうあんじ》は臨済宗《りんざいしゅう》妙心寺派の寺院です。山号は大雲《だいうん》山《さん》で、宝徳二年（一四五〇）に細川勝元が義天玄詔《ぎてんげんしょう》（承とも）を請じて創建。義天は師である日峰宗舜《にっぽうそうしゅん》を勧請開山としてみずからは二世となりました。応仁の乱で焼失しましたが、勝元の子・細川政元の援助を得て特《とく》芳禅傑《ほうぜんけつ》が再興しました。

本堂は慶長十一年（一六〇六）建立の旧西源院《せいげんいん》本堂で、六間取方丈形式になります。本堂前庭の石庭は、東側から五、二、三、二、三と据えられ、前後合わせると七五三の石組みになっていますが、どこから眺めても一度に十五の石が全部見えることはありません。また石庭の中央に近い石組みが、虎が子を背負って水を渡るという故事に基づき、「虎《とら》の子《こ》渡《わた》し」と呼ばれています。この石庭は名庭の誉れ高く、史跡及び特別名勝に指定されており、世界的にも有名です。また苑池は鏡容池《きょうようち》と呼ばれ、平安時代に当地にあった円融天皇の御願寺円融寺の園地の遺跡とされ、明治になるまでは鴛鴦《おしどり》の群れが泳ぐすがたが見られたといいます。

茶席蔵六庵《ぞうろくあん》は、書院の北端にあります。内部は二畳に台目畳《だいめだたみ》二枚、中板を備えた二畳二台目中板入に下座床という珍しい平面構成の茶室です。これはもともと塔頭《たっちゅう》の西源院にあったものを明治の中頃に移築したもので、僖首座《きしゅそ》（吉首座とも。一六一六〜九六）の好んだ席と伝えられています。僖首座は千宗旦《せんそうたん》門下の茶人で龍安寺塔頭本光院に住して不遠庵と号し、茶杓をよく削っていたことでも知られています。

茶席へは、水戸光圀《みつくに》考案の「吾唯足知《われただたるをしる》」の四字が刻み込まれた丸型の蹲踞《つくばい》より、二枚の腰障子の貴人口を経て入席します。また雨天などのために、露地に降りることなく書院の西縁側を北に進み火燈口《かとうぐち》から席入することもできるように考えられています。これによって招かれた客は、亭主方と交差することなく席入ができます。この出入口には板戸が備えられており、建物内部からの席入にも関わらず外部から席入するような緊張感を誘い、上手にその雰囲気を醸し出しています。それは大きな躙口《にじりぐち》のようにも感じられます。

ほかに蔵六庵の内部の特徴として挙げられるのは点前座に洞庫《どうこ》を

蔵六庵●
縁側から火燈口を望む
縁側から火燈口を潜り席入することができる。

備え、その上部に掛障子の小窓がある点。裏千家の今《こん》日庵《にちあん》と同様な働きを創り上げており、僖首座の師・宗旦の影響を感じさせます。また点前座の風炉先の壁面には下地窓《したじまど》を二段ずらして意図的に設けた色紙窓《しきしまど》が開けられており、自由な意匠として纏《まと》められています。

蔵六庵●茶室内
貴人口から席中を見る。台目畳の客座の先には中板が入れられ、点前座には洞庫が設けられている（写真右手）。

また床の間脇には二枚の襖が入れられ、通口《かよいぐち》の形式をとっていますが、その上部に櫛型《くしがた》のような欄間《らんま》が入れられており、裏千家の寒雲亭《かんうんてい》の櫛型欄間を想起させます。

客座を台目畳に

さて平面構成で特徴的なのは、一畳は点前座、もう一畳は出入口の座とし、二枚の台目畳《だいめだたみ》を客座に採用した点です。これにより亭主と客の間合いを近づけるという工夫です。

中板を入れて亭主と客座にゆとりを持たせながらも、客座を亭主の方に引き寄せる平面構成になっており、主客が中板を挟み、より密なる茶の湯を楽しんだものと推測させます。

炉は上げ台目切となっていますが、この平面構成とよく似たものに久田《ひさだ》家の半床庵《はんしょうあん》があげられます。半床庵の内部も二畳二台目中板入の上座床《じょうざどこ》、上げ台目切で、蔵六庵と同様に思われますが、半床庵の台目畳の敷き方と蔵六庵ではその意味が大きく異なります。半床庵は点前畳、中板に平行に二枚台目畳が敷かれていますが、蔵六庵では二枚の台目畳の敷く方向が異なり点前畳、中板に対して直角に敷かれています。これは、半床庵では床の間と客座の位置を近づけ、蔵六庵では亭主と客の位置を近づけるという平面構成の違いを意味しており、同じ二畳二台目中板入の茶室でも、台目

蔵六庵●茶室内
点前座から席中を見渡す。貴人口から一畳を経て、台目畳の客座へと至る。

畳の敷き方によって茶室の使い勝手と意味合いが変わるという興味深い実例といえるでしょう。

久田家は久田実房と利休の妹との間に生まれたと伝わる久田宗栄《そうえい》を初代とし、宗栄の子二代宗利《そうり》は宗旦の娘を妻とし、宗旦より茶を学んでいます。この二つの茶室は、わび茶を極めた宗旦の茶の湯を表現した平面構成とも考えられ、我々が現代茶室の平面構成を検討し応用する意味でも、学ぶべき点が凝集されています。

芳春院・落葉亭の客座

もう一つ同様な平面構成として芳春院《ほうしゅういん》の落葉亭《らくようてい》を紹介します。芳春院は大徳寺の塔頭《たっちゅう》で、山内の北東に所在します。慶長十三年（一六〇八）、前田利家夫人の松《まつ》（芳春院尼）が玉室宗珀《ぎょくしつそうはく》を開山に請じて創建されました。前田家の菩提所として代々護持され、寛政八年（一七九六）に焼失した折にも、同家十一代治脩《はるなが》が再建しました。芳春院尼の霊屋や豊かな装飾が施された前田利長霊屋など創建時の建物も残っています。また本堂後方の、横井等怡《よこいとうい》が小堀遠州《こぼりえんしゅう》と図り作庭したと伝える庭園には、二層楼閣風の異色な昭堂・呑湖閣《どんこかく》（文化年間に再建）があります。

落葉亭は呑湖閣、書院の北東に位置します。七畳の広間松月軒、水屋などとともに昭和初年、数寄屋大工の岡田永斎《おかだえいさい》が建てた数寄屋と伝えられています。落葉亭の天井は全体を化粧屋根裏とし、中柱はやや太目の曲木を使用しています。躙口と貴人口の両方を備えた空間で、天然木を上手に組み合わせた構成が印象的です。

落葉亭の内部は二畳二台目下座床で中板は入れられていません。炉は上げ台目切となっています。こ

落葉亭

芳春院内

所在地●京都市北区紫野大徳寺町

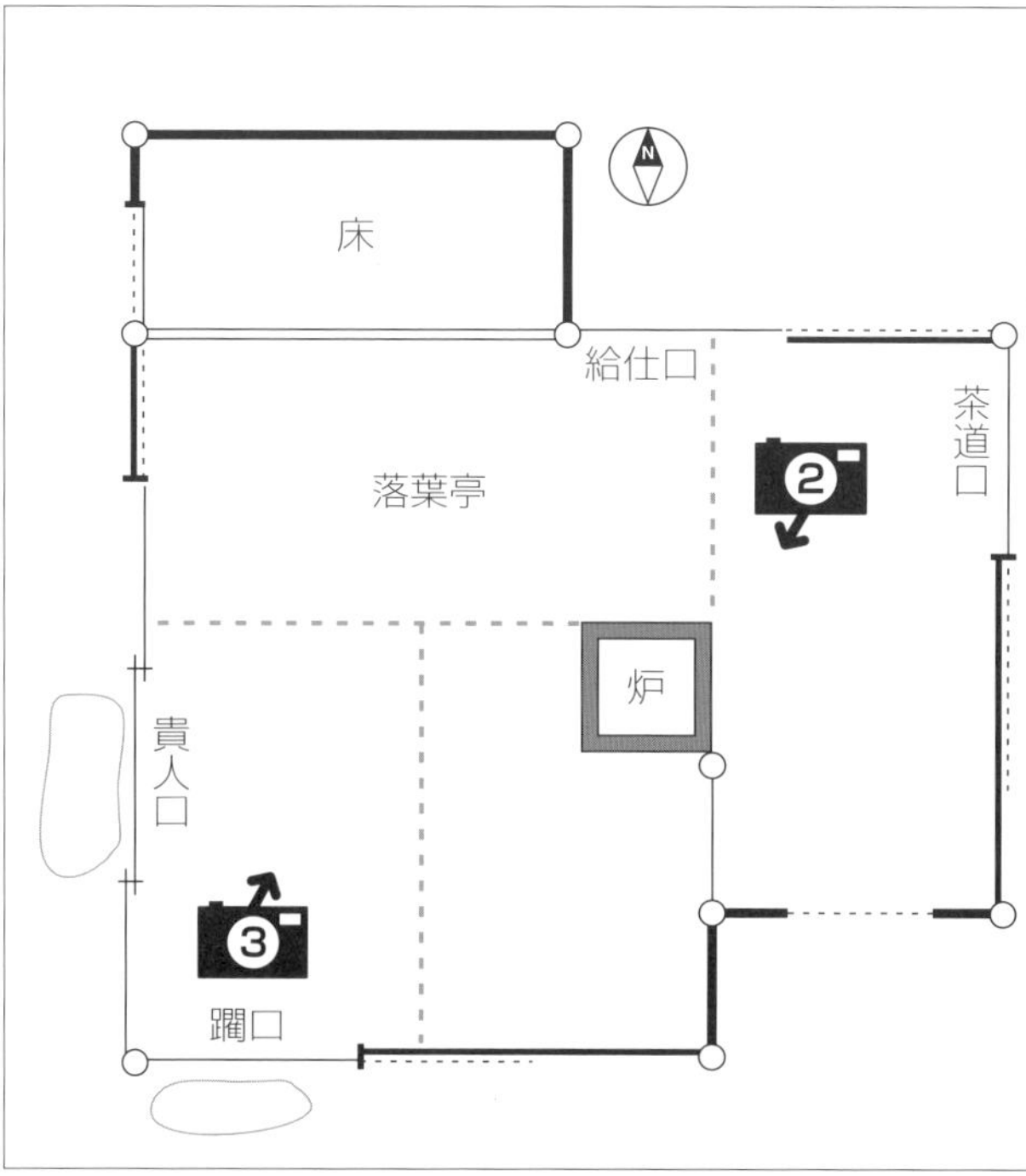

落葉亭●外観
貴人口の上部には円山伝衣和尚による扁額が掛けられている。

れは蔵六庵と半床庵を合わせてさらに縮小させたような平面構成となっています。また、点前畳と貴人畳に一畳の畳を敷き、客座となる躙口前の畳と炉畳に台目畳を採用しています。これによって給仕口に近い貴人畳と点前畳が直角に位置し、その間に台目畳が収められており、無駄なく空間が纏められています。点前座と給仕口に近い貴人畳に一畳の畳を敷くことで、点前と給仕の際に余裕をもって行うことができる利点があり、使い勝手がたいへんよい空間となっています。

これらの茶室はすべて点前畳に一畳の丸畳を使用して上げ台目切とし、客座に台目畳を入れること、そして台目畳の敷

❷
落葉亭●客座
茶道口から躙口、貴人口を見る。客座に台目畳が用いられている。

き方を変えることで、茶室の使い勝手と意味合いをそれぞれ表現していることが分かります。一般には、点前座に台目畳を使用することが多いものですが、客座に台目畳を使うことで新しい平面構成が生まれ、変化に富んだ茶の湯の空間が創造されます。ぜひとも台目畳を客座に使った独自の空間を考えてみたいものです。

❸

落葉亭●

床・給仕口・茶道口

床前と点前座には一畳の丸畳が用いられている。

青蓮榭・須彌蔵・雲脚

隅切り間取りの工夫

青蓮榭

西本願寺内

所在地 ● 京都市下京区堀川通花屋町下ル

❶「脇の間」から学ぶ

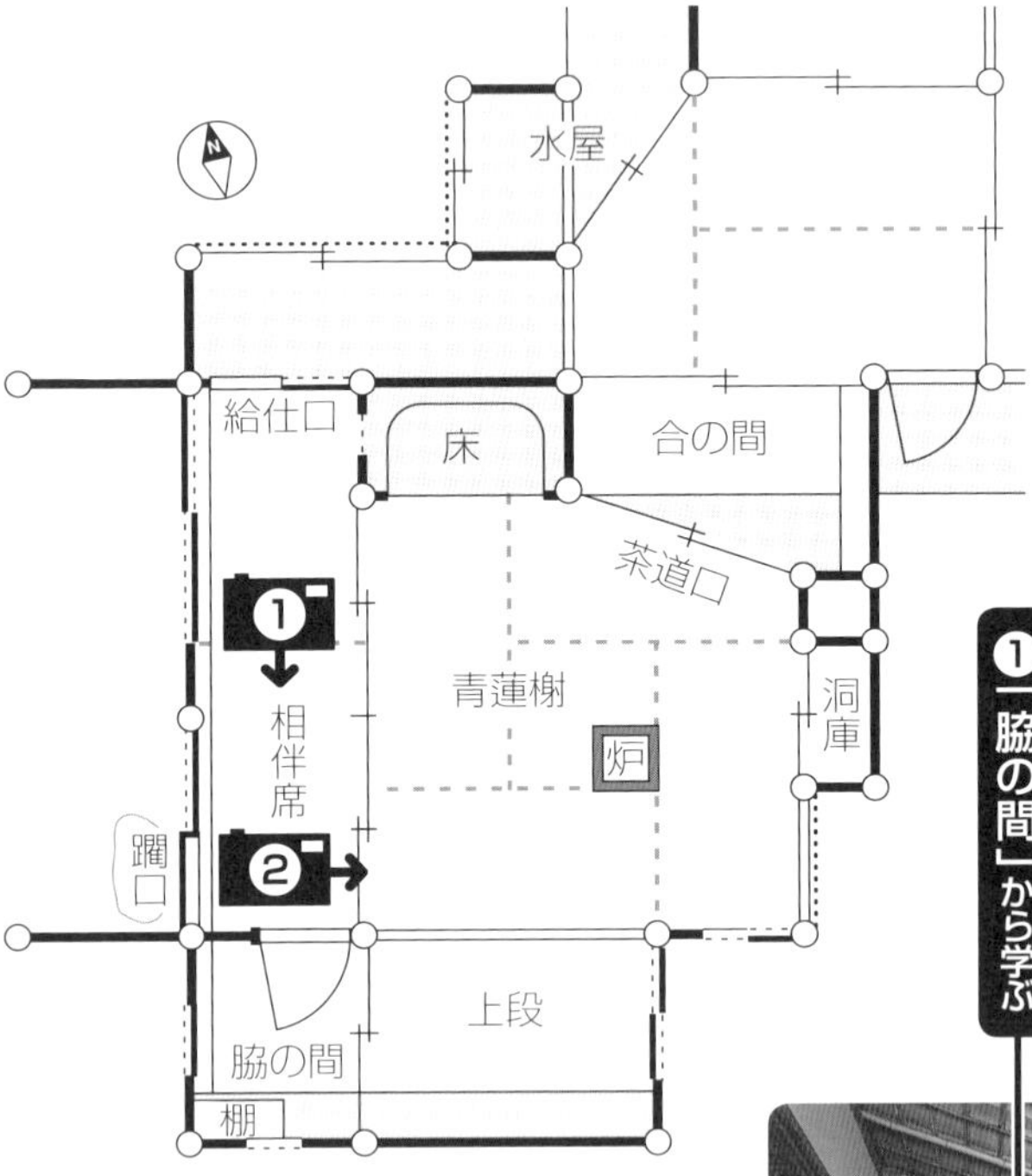

❷「隅切り」から学ぶ

西本願寺は浄土真宗本願寺派の本山です。真宗大谷派の東本願寺に対し、通称「お西」などとも呼ばれ、山号を龍谷山《りゅうこくざん》といいます。天正十九年（一五九一）、豊臣秀吉の敷地寄進によって、現在の七条堀川に寺基を定めました。浄土真宗は親鸞《しんらん》を開山とし、第三代覚如《かくにょ》、第八代蓮如《れんにょ》により教勢を拡大しています。本願寺の重宝は血統相続の歴代が管理しており、元和三年（一六一七）の大火以降、火災がなかったこともあり、重要な寺宝を多く襲蔵しています。堂宇《どうう》も御影堂《ごえいどう》をはじめ近世初頭の建築が多く、中には秀吉の聚楽第《じゅらくだい》や伏見城の遺構と伝えられるものもあります。

西本願寺の境内には飛雲閣《ひうんかく》のある庭園・滴翠園《てきすいえん》があり、ここに茶室・青蓮榭《せいれんしゃ》が建てられています。築造年代は詳《つまび》らかでなく、十八代文如《もんにょ》（一七四四〜九九）によってこの庭園が整備されていることが分かっているのみです。造営にあたり明和五年（一七六八）に文如上人が澆花亭《ぎょうかてい》に赴き、さらに「青蓮榭」の額が掛けられました。『都名所図会』には滴翠園十勝の説明の中で「青蓮榭は茶亭にして、又澆花亭ともなづく」と記されています。澆花亭は五畳半に枡床《ますどこ》を備えた席で、青蓮榭は上段、床の間、洞庫《どうこ》を備えた変形の四畳半です。建物はこの二つの茶席と水屋、台所、土間からなり、柿《こけら》葺《ぶき》の庇《ひさし》を葺き流し、雅な形状の外観が落ち着いた滴翠園の景観に色彩を添えています。

茶室・青蓮榭

土庇《どびさし》内の躙口《にじりぐち》から青蓮榭へ席入すると、化粧屋根裏の畳廊下である相伴席を経て変形の四畳半へと至ります。この躙口から化粧屋根裏の相伴席に上がり、さらに茶席に入る動線は、西本願寺と縁の深い藪内家《やぶのうち》の燕庵《えんなん》にその源を発するものと考えられます。

　この畳廊下を兼ねた入側は二畳ほどの空間で相伴席となり、躙口から入ると左手側が給仕口、右手側が上段の入口となる脇の間に繋がっています。脇の間は台《だい》目《め》ほどの広さに仕切られていて半畳と板畳が入れられ一重の釣棚、下地窓《したじまど》を備え、茶席上段の脇の間としての空間となっています。小さな空間ですが、畳廊下の突き当たりの意匠として興味深い構成となっています。

　茶席の内部は変形四畳半の下座床《げざどこ》で、天井は全面蒲《がま》天井に竹竿縁《たけさおぶち》となっています。南側に上段が設けられ、相対して北側に床の間と茶道口が位置し、西側の相伴席となる入側との境には四枚立ての腰障子が入れられています。東側の点前座には勝手付《かってつき》に連子窓《れんじまど》と小襖引《ひき》違《ちがい》の洞庫が備えられており、その配置から色紙窓《しきしまど》のようにも見える意匠がたいへん面白いです。この点前座

青蓮榭●相伴席と脇の間
写真右手にある躙口を躙って入ると、畳廊下の相伴席に席入することになる。写真奥の空間は上段の間の入口である脇の間。

青蓮榭●茶室内
（上）上段の間から見た床と茶道口。右手には洞庫が見える。
（下）上写真にある床・茶道口に相対するように上段の間が設けられている。右手にある障子が、脇の間と上段の間を隔てている。左手に掛けられているのが青蓮榭の扁額。

正面の風炉先上方壁面には「青蓮榭」の扁額が掛けられています。また床の間に向かい合った上段は、一畳の畳の奥に一尺三寸（約三九センチ）の板をいれ、大きな丸窓が設けられ、ここだけ壁面を白の張付壁《はりつけかべ》にしており、高貴な気分を漂わせて明るくゆとりのある空間演出がされています。

隅切りの茶道口

さてこの茶室で最も注目されるのが茶道口です。二枚の襖は通口の形式をとり、踏込畳《ふみこみだたみ》を「隅切《すみき》り」して、あえて茶道口を斜めに付けています。

これは茶道口から上段あるいは客側

青蓮榭●茶室内
客座から席中を見渡す。左手に見える茶道口は隅切りになっており、その奥に、合の間へと至る襖があるのが見て取れる。

の方向に自然と身体ごと向くことのできる位置となっています。またその背後にも二枚の襖を立てて合《あい》の間《ま》とし、水屋との繋がりを遮断するという、計算された茶道口の造作となっています。四畳半の踏込畳が斜めに切られた畳となっているため、襖を隔《へだ》てて隣り合う合の間は、踏込畳の残りを板畳とし、さらにその奥にやや細めの畳が入れられています。

また、茶道口脇の床の間は、踏込床となっており、落し掛けや床框《とこがまち》を省略し、床の両袖に少しずつ壁を付け、上部の小壁から弓なりに塗《ぬ》り廻《まわ》した龕破床《がんわりどこ》の形式となっています。床の左右に袖壁《そでかべ》を付け、左右対称の曲線を描く意匠は意識的で、これによって斜めに配された茶道口を目立たなくする工夫が成されています。ここに定法通りの落し掛けや床框の直線が存在すれば、斜めの茶道口はいっそう浮かび上がってしまうことでしょう。

現代建築において、建築条件から茶室の茶道口を定法通りに設けることのできない場合、そのヒントを与えてくれる好例であり、それは先達の知恵といえます。これはまた、待合や水屋、合の間などでも応用できる茶室の工夫です。床の間にまでも応用できる考え方とも言えます。

藪内家の茶室に設けられた隅切りの工夫

この隅切りの間取りを上手に取り入れた茶室が藪内家に二つあります。藪内家は京都市下京区西洞院《にしのとういん》にある、藪内流の家元です。三千家がいずれも上京にあるのに対して藪内家は下京にあるので、古くから三千家を「上流《かみりゅう》」というのに対し、藪内家の茶を「下流《しもりゅう》」と呼んでいます。剣仲紹智《けんちゅうじょうち》を祖とし、寛永年間（一六二四

～四四）、二代真翁《しんおう》紹智のときに西本願寺の十三代良《りょう》如《にょ》に土地を賜り、現在の地に移りました。以来、西本願寺の師家として厚遇され、家元は代々紹智を名乗っています。

一つは「須彌蔵《しゅみぞう》」という茶室です。藪内家を代表する茶室・燕庵の北東に位置し、赤い壁の変形三畳向切《むこうぎり》下座床を有する席です。ここでは点前畳の後方を斜めに隅切りし、その壁面に洞庫を設けています。これによって茶道口を開けたときに水屋が見えることがなく、隣接する六畳との動線も考えられています。また洞庫も斜めにせり出している分、点前中でも後ろに手が届くなど、使い勝手のよい隅切り間取りとなっています。

洞庫の横にある床の間は、奥行きが小間半《こまなか》と浅いため、落し掛け、床框を省略し、内部を塗り廻しにし、

須彌蔵

藪内家内

所在地●京都市下京区西洞院通正面下ル

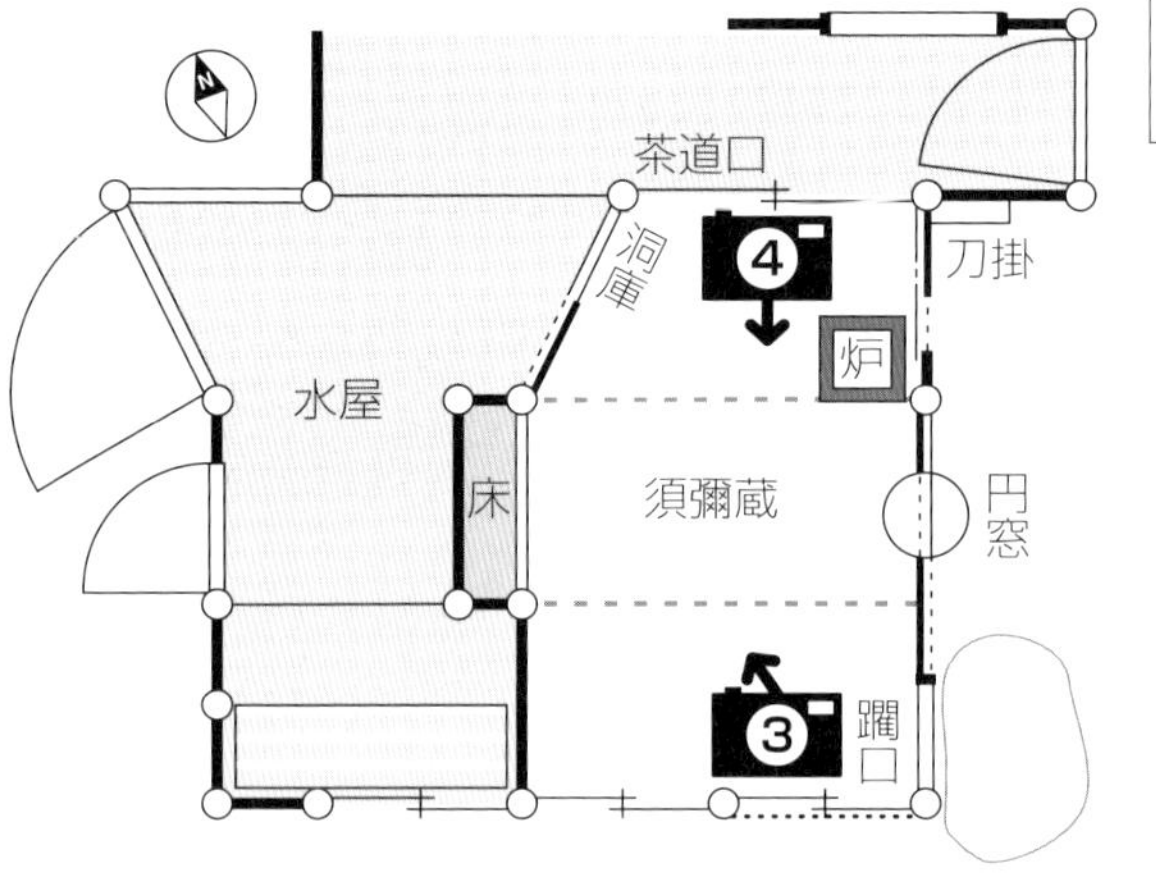

❸
須彌蔵●茶室内
（上）躙口から席中を見渡す。点前座の背中側が隅切りになっており、そこに洞庫が設けられている。水屋は床の裏に設けられており、茶道口（写真右端）からも水屋の様子がわからない工夫が成されている。

❹
（下）点前座から席中を見渡す。珍しく躙口側には円形の窓が開けられている。

下がり壁仕上げの踏込床としています。天井は竿縁の平天井となっています。この茶室は隣接する六畳の仏間の補助的役割を担う席とされています。なお須彌蔵は享保年間（一七一六～三六）寂如《じゃくにょ》上人の求めにより、五代竹心《ちくしん》の好みで西本願寺の庭園の中に建てられた席であり、慶応初年にこの地へ移築されたものです。

もう一つの茶室は「雲脚《うんきゃく》」の席です。この席は相伝《そうでん》の引出物《ひきでもの》として利休より剣仲に贈られたものと伝えられています。雲脚の字が彫られた松の瓢形の板が壁に掛けられ、躙口と貴人口《きにんぐち》が設けられています。また利休から贈られた炉・風炉用道具一式が備わっており、利休忌にはここでその道具を使った茶の湯が行われます。

この席の内部は二畳台目の向切で炉先に三角形の向板を入れて壁面を斜めに設けています。この斜めの壁面が壁床となっています。点前座の炉先を隅切り間取りにすることで壁床を少しでも客側に向けるという工夫が興味深いです。また点前座と客座の仕切りとして、塗り廻しの下がり壁を設け、壁床側に袖壁を付け

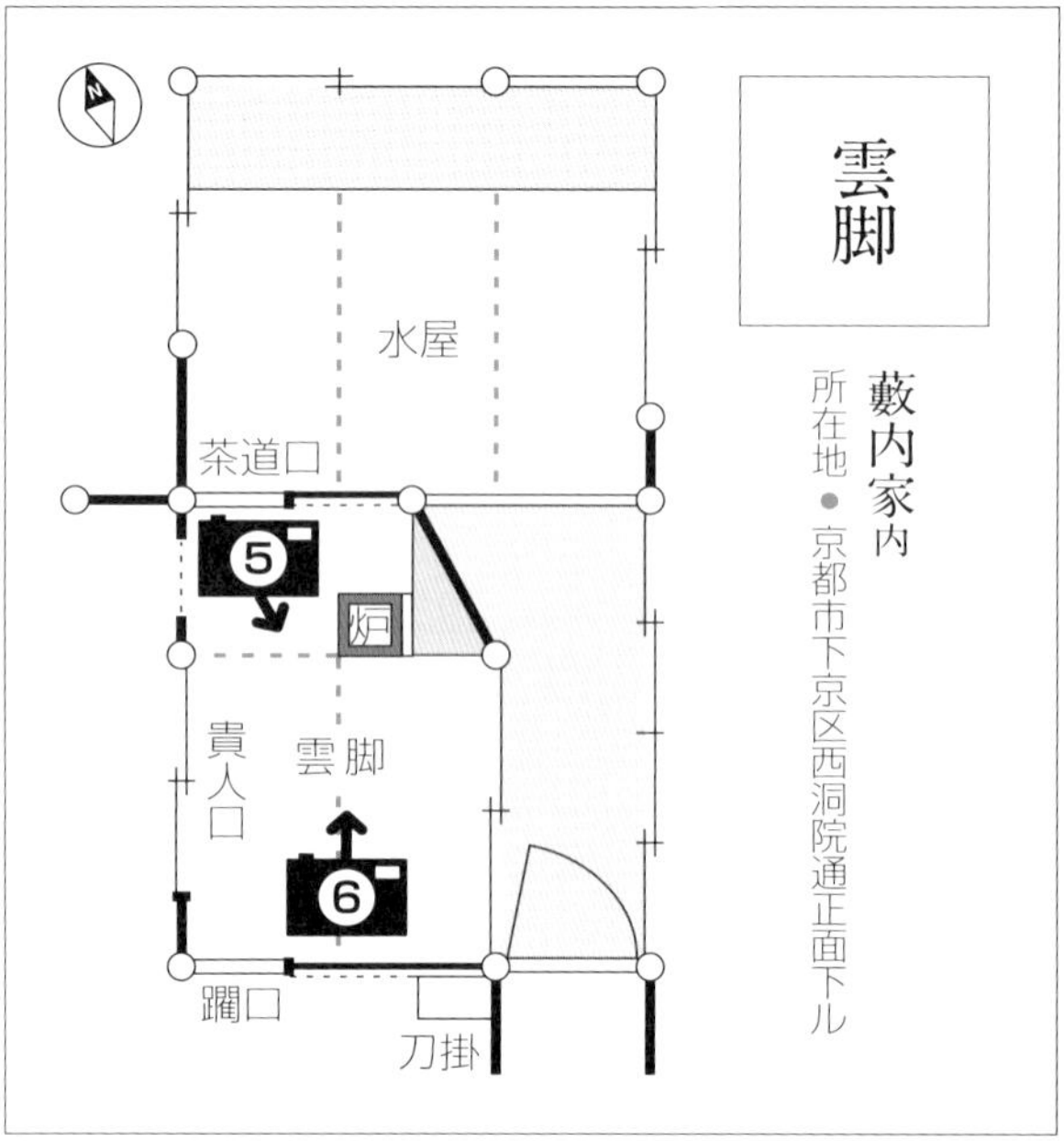

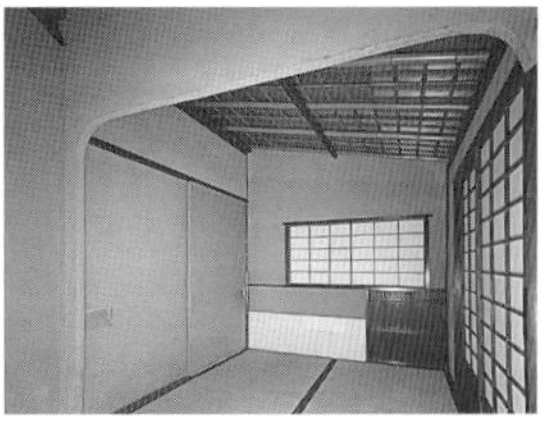

❺ 雲脚●躙口（上）
袖壁の内部から躙口を見下ろす。

❻ 雲脚●茶室内（左）
雲脚の躙口から席中を見る。斜めに隅切りされた壁面が壁床になっており、台目畳に三角形の向板が入る。袖壁の内部に点前座が配される。

た洞床《ほらどこ》形式となっています。この塗り廻しの意匠によって、大きな床の間の奥に壁床と点前座があるように見え、茶道口の方立《ほうだて》がやさしく目立たず、手斧目《ちょうなめ》でナグリをかけた栗の床柱が浮かび上がって見えます。この竹の方立《ほうだて》は織部《おりべ》に始まり藪内家が代々踏襲してきた手法です。このように隅切り間取りにすることで点前座と床の間が客座から同時に見ることができ無駄のない侘びの空間として纏《まと》められています。

　茶室の隅切り間取りの平面構成は、不整形の畳や板畳を入れることで変化に富んだ茶室が創造される、主客の使い勝手のための工夫といえます。現代において、制限や規制の多い場所での茶室の平面構成を考える上で、様々なことを教示してくれる茶の湯に叶った自由な発想といえるでしょう。

湘南亭・慈光院茶室 亭主床の工夫

湘南亭

西芳寺内

所在地● 京都市西京区松尾神ケ谷町

❶「亭主床」から学ぶ

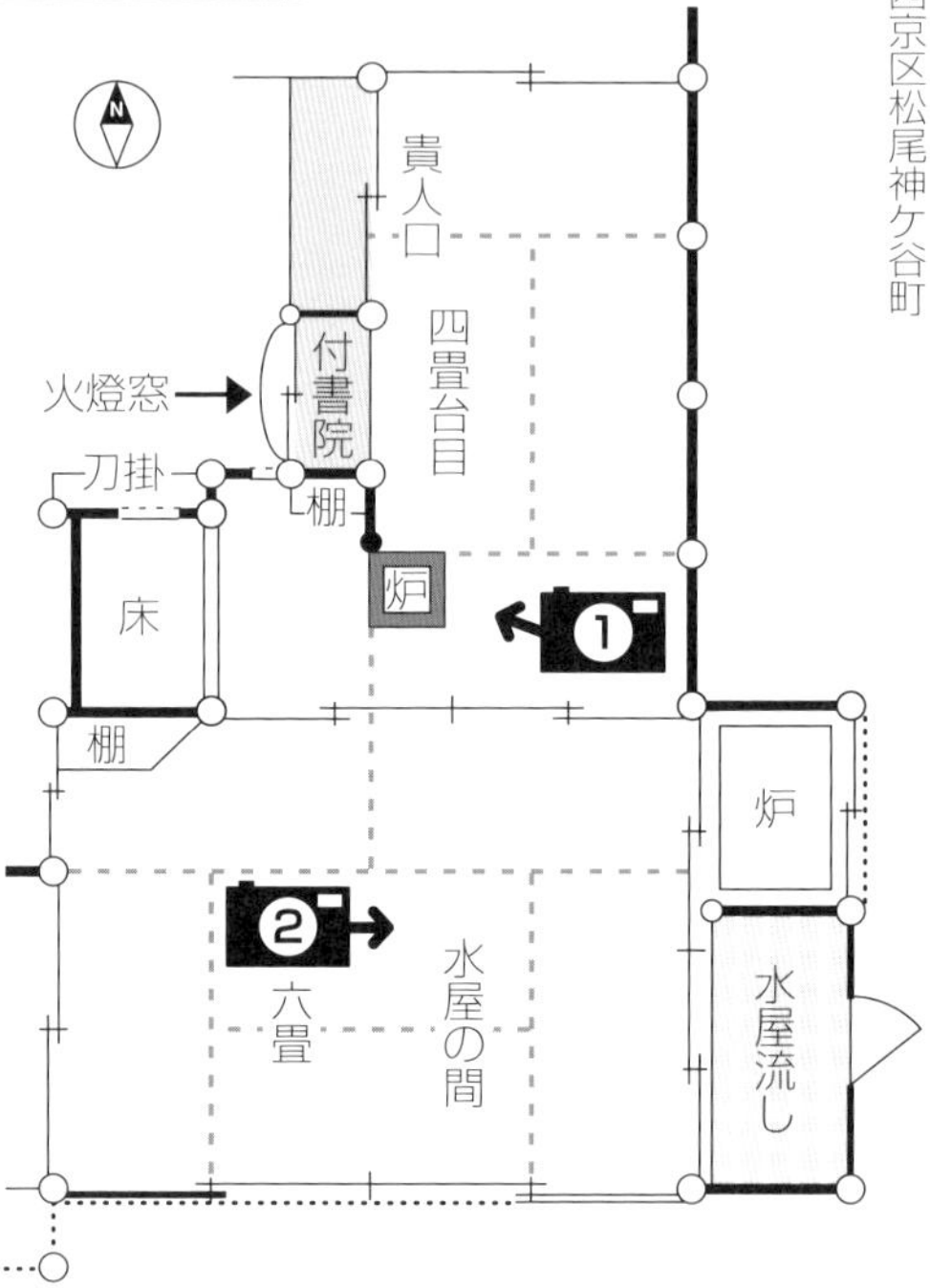

❷「水屋」から学ぶ

西芳寺《さいほうじ》の創立は古く、奈良時代に行基《ぎょうき》の開いた畿内四十九院の一つとされています。鎌倉時代には法然《ほうねん》上人にもゆかりのある浄土宗の寺でしたが、久しく荒れていたのを、暦応二年（一三三九）、足利幕府の重臣であった檀越《だんおつ》・藤原親秀《ちかひで》が夢窓国師《むそうこくし》を請じて復興し、禅寺としました。西芳寺の名称は、その際に西方寺から改めたものと伝えられています。

湘南亭《しょうなんてい》は西芳寺池庭の南端に建つ庭園建築で、夢窓国師の時代からあったものといわれ、慶長年間（一五九六〜一六一五）に千少庵《せんしょうあん》によって再興されたと伝えられています。

屋根は柿葺《こけらぶき》で全体はL字形の平面を成し、北へ延びる広縁《ひろえん》と茶席の屋根はやや起りのある入母屋造《いりもやづくり》、その南の六畳の水屋の間の屋根は寄棟造《よせむねづくり》にし、南北で屋根の形を変えています。また腰掛と四畳の控え室の屋根は切妻《きりづま》屋根として簡素に纏《まと》められています。この建物の北端にある広縁は池庭を眺めることができる二坪ほどの三方が開放的な欄干《らんかん》付の縁となっています。欄干の高さとデザインが微妙に変えられているのが面白く、一面塗り上げられた土天井の仕上げとなっている珍しい天井とともに注目すべき特徴となっています。この土天井に合わせて廻縁《まわりぶち》・壁留には天然木を交えた丸太が用いられており、侘びた意匠となっています。

湘南亭への席入は、腰掛からビロード状の苔の庭の飛石を伝って蹲踞《つくばい》に進み、広縁の南脇の小縁の貴人口《きにんぐち》から上がります。この貴人口の南壁面には刀掛《かたなかけ》が備えられています。茶席内部は四畳台目《だいめ》の台目切で、点前座の先に縦長に茶席が広がる深四畳台目の形態をとっています。

茶席は西面に貴人口・付書院・点前座・床の間があ

湘南亭 ● 外観（上右）
広縁を北側から見上げると、L字型の建物となっていることがよくわかる。

湘南亭 ● 広縁から南側を見る（上左）
広縁から見た南側の壁面。正面の壁の内側が点前座にあたる。

湘南亭 ● 広縁（下）
広縁からの眺望。欄干はそれぞれ高さと意匠が異なる。

り、その反対の東面は全面土壁に腰張りが一段張られており、窓は開けられていません。北面は二枚の腰障子が立てられており、障子を開けると開放的な眺望の広縁に接続されています。また南面は茶道口を含め四枚の襖《ふすま》が立てられています。そして、天井は一面竿縁《さおぶち》天井で収められています。茶席の北面と西面の貴人口の腰障子を四枚外すと土天井の広縁の先に林泉が広がり、自然と一体となる平面構成が意図されています。

亭主床とは

この茶席は西面に多くの構成要素が備えられていますが、特徴的なのは床の間が点前座脇にある亭主床《ていしゅどこ》の形式となっていることです。床柱は栗のナグリ、床《とこ》框《がまち》は北山丸太、落し掛けは少し皮目を残した材を用いる古い手法で、板床となっています。また中柱は栗の丸太が取り合わされています。

この床の間には墨蹟窓《ぼくせきまど》が開けられており、点前座の仕付棚（雲雀棚《ひばりたな》）・風炉先窓《ふろさきまど》と調子よく配置されています。亭主床は本来、亭主みずから点前をしながら床の掛物や花を楽しむことができますが、客側からすると中柱や袖壁の影となって床が見づらい配置となります。しかし点前座周辺にすべての道具の設《しつら》えが集中し、茶の湯のあり方次第では利点も多くなる席といえます。

この席は広縁が一つのポイントとなっており、亭主床にすることで主客が身近に炉を囲み茶を楽しみ、その位置から共に北に広がる侘びた縁先越しの林泉を、広大な床の間に見立てて楽しむという空間構成が考えられているといえます。東西面にほとんど窓を設けず、床の間周辺と広縁に開口を集中させるための工夫が亭主床であり、そのための深四畳台目の構成であったといえるでしょう。湘南亭は少庵が隠栖《いんせい》してゆったりと茶の湯を楽しむ住処《すみか》であり、茶席であったのかもしれません。そのために好まれたのが亭主床であると伝えられています。

使い勝手を考え抜かれた水屋

また、湘南亭の水屋の間は使い勝手がよく考えられています。六畳敷で北西隅に二重の仮置棚と小窓が設けられています。茶道口を出た右側に付けられており、必要な道具を準備することができ、かつ点前の邪魔にならない場所に備えられています。また小窓も、光を上手に採り入れることができます。水屋の間の東側には、四枚の襖が立てられており、水屋流しと仕切壁を挟んで長炉《ながろ》が設けられています。水屋流しの上部には、

湘南亭●茶室内
次の間から四畳台目の室内を見渡す。奥の障子の先が板張りの広縁となる。

湘南亭●床

「亭主床」の床の間。亭主の位置からも広縁の先に広がる庭を眺めることができる。写真左端の茶道口を出た所に仮置棚と小窓があるのが見える。

湘南亭●水屋

次の間の東側には水屋が設けられている。水屋の内部は袖壁で仕切られており、写真左側には長炉が切られている。窓により室内の光量も調節できる。

現在でいう水屋棚はなく、簡素なL字形の一重の仕付棚があるのみです。また水張口が中央に開けられており、これらの形状が初期水屋の姿を伝えています。また長炉は、控え釜や懐石の準備、室内の暖気を取ることにも便利です。この水屋流しと長炉は四枚の襖で適宜隠しながら使用できる工夫がされており、隠せる水屋の初期の姿を成し、現代の水屋の工夫に役立つ動線の知恵を与えてくれます。

　さらに南面の上下二段の窓は障子に板戸が備えられており、水屋の間の光量を必要に応じて調節できる工夫がされています。現代では調光付の照明器具がありますが、それと同様な役割を果たし、水屋と茶席の照度のバランスを整えることができる工夫といえます。これら数々の茶席や水屋の工夫を考えると、少庵の肌理細かい茶の湯の様相が浮かび上がってきます。そしてこれらの工夫を通して、水屋の間の役割の重要性をあらためて痛感いたします。

慈光院茶室の亭主床

亭主床の有名な席としてもう一つ慈光院《じこういん》の茶室があげられます。

慈光院は、小泉城主片桐石州《かたぎりせきしゅう》が両親の菩提を弔うため寛文三年(一六六三)に創立された寺院です。小高い勝景の地に方丈(書院)が建てられ、続いて本堂が、そして寛文十一年に茶室が書院に接続して建てられています。

茶室は二畳台目ですが、襖を開放すると控えの間(相伴席)と合わせて四畳台目の席となります。床柱は素直に面付《つらつ》けがされた北山丸太で、床框は塗りの框ではない杉丸太の面付、落し掛けは少し皮目を残した

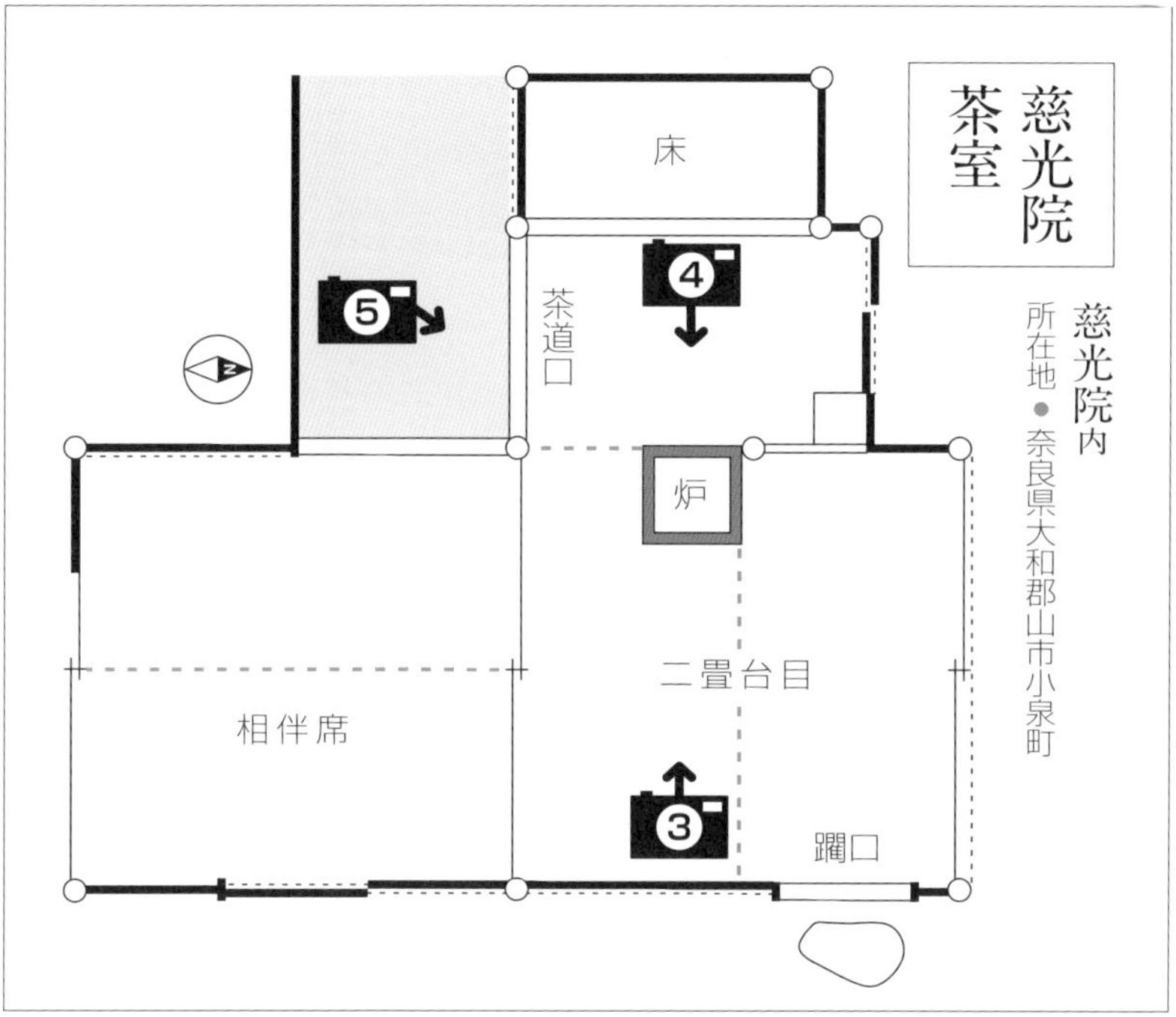

杉材となっています。また床内部の壁面入隅《いりすみ》を塗《ぬ》り廻《まわ》しとし、畳床を採用することで、少し利休の待庵《たいあん》に似た床の構成となっています。中柱は櫟《くぬぎ》の

③ 慈光院茶室●亭主床
茶室内を見渡す。躙口を開けるとほぼ正面に床が見える。写真左手に見えるのは茶道口。

皮付丸太を立て、点前座には風炉先窓と雲雀棚の形式の仕付棚が設けられています。天井は一面竿縁天井となっています。これにより点前座上部も客座と同じ竿縁天井となり、ほとんど行われない「床指《とこさ》しの天井」となっています。

この茶席は亭主床を挟んで下座《げざ》に相伴席があり、上座《じょうざ》は正客座が位置することになります。二畳台目の本席の襖を開放すれば二畳の相伴座が現れ、四畳台目の席となり、二畳台目の席とはまた違った点前座の見え方が生まれてきます。少庵と同様に自分の領地に戻った石州侯が、ゆっくり茶を楽しむための空間創りをした結果生み出されたのが、亭主床であったのかもしれません。

❹ 慈光院茶室●茶室内
床側から茶室内を見渡す。写真右手にあるのが二畳の相伴席。

❺ 慈光院茶室●茶室内
茶道口から点前座を見下ろす。

忘筌・清香軒

点前座と軒下露地の工夫

忘筌

孤篷庵内

所在地●京都市北区紫野大徳寺町

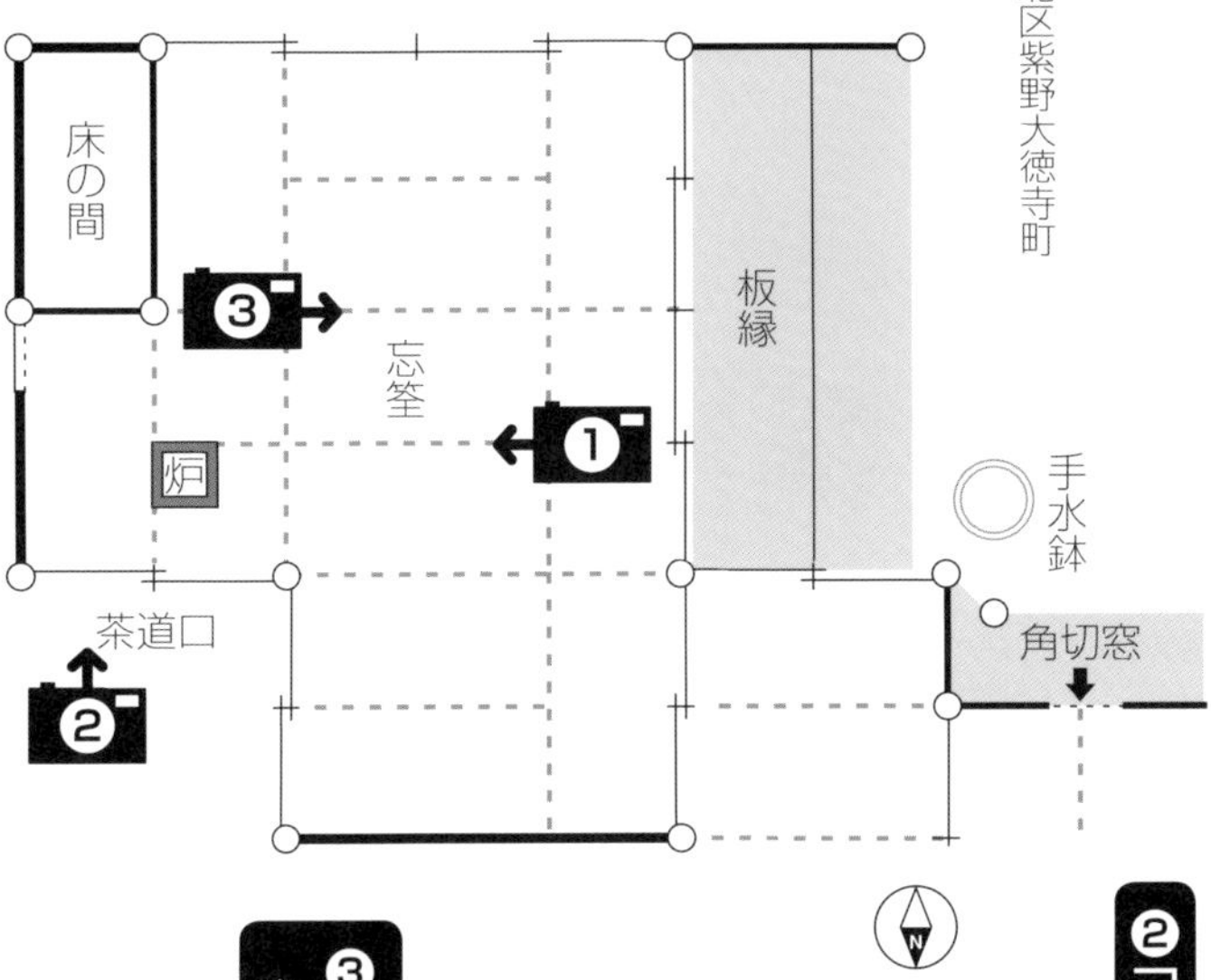

孤篷庵《こほうあん》は大徳寺の塔頭《たっちゅう》の一つです。開祖は江月宗玩《こうげつそうがん》で、慶長十七年（一六一二）、小堀遠州《こぼりえんしゅう》が自らの菩提所として龍光院《りょうこういん》内に寮を建立したのに始まります。その後の寛永二十年（一六四三）に現在地に移り、開祖として江月宗玩の法嗣《はっす》で遠州の子である江雲宗龍《こううんそうりゅう》を迎えています。ここには晩年の遠州の知識や経験を生かした遠州好みの建築と庭園が計画されました。しかし寛政五年（一七九三）の火災により失われ、間もなく松平不昧《ふまい》や近衛家の援助を得て再興され、創建当初の姿に忠実に復元されました。

孤篷庵の茶室「忘筌《ぼうせん》」は十一畳に点前座を加えた十二畳で、平面図で見るとでこぼこした間取りの座敷となっています。ここで特に注目したいのが、床の間を含めた点前座周辺の意匠です。

点前座奥に風炉《ふろ》先床《さきどこ》の形態で床の間を配し、床の間を室内に取り込んでいます。炉は四畳半切、北側西寄りに三畳が張り出している平面構成です。忘筌は十二畳でありながら、踏込畳《ふみこみだたみ》が点前座という小間据えの形式を用いています。そしてその先に床の間を設け、炉が四畳半切に切られていることから、点前座、床の間、客座は四畳ほどの中に凝縮されており、小間的要素を備えた意匠として纏《まと》め上げられています。なお、古図によれば炉は台目切《だいめぎり》であったとも伝えられています。

点前座と露地の意匠

忘筌は十二畳の広間でありながら一間床《いっけんどこ》とし、やや小さい床の間となっています。これは遠州がほかの茶室でも用いた手法と考えられ、点前座と床の間が一面に並べられることで客側からは両者が同時に楽しめる工夫が成されています。そして何より、広間の中に小

忘筌●点前座

忘筌の広縁側から席中を見渡す。広縁から見て右手には床が設けられており、最も奥行きのある中央部が点前座となる。左手側は水屋空間がせり出している。

忘筌●床脇

点前座から見た床脇。風炉先にあたる位置には唐紙が張られている。

間的要素を取り込んだ、真《しん》と草《そう》を混在させた遠州独自の空間が表されているものと考えられます。当然、これらを意識して周囲のデザインも工夫されています。

例えば、柱は角柱に長押《なげし》を廻して釘隠が添えられていますが、その長押が床の間の落し掛けの上にまで廻してあるのは、たいへん特徴的な意匠です。床柱は面取りがされた角柱であり、その床脇は点前座の風炉先となるため、床脇の吹抜《ふきぬき》に井桁《いげた》格子を組み込み、周りに板を入れ、上半分を吹抜とし、下半分には遠州好みの七宝模様の唐紙《からかみ》が張られています。勝手付《かってつき》の横長の障子（夏は葭戸《よしど》）と間半《まなか》（京間一間の半分のこと）に立てられた間柱とともに点前座の侘びた意匠が巧みに整えられています。

また天井は砂摺《すなず》りして胡粉《ごふん》を摺り込み杢目《もくめ》を際立たせた砂摺天井とされ、長押上の白漆喰《しろしっくい》塗の小壁と長押下の張付壁《はりつけかべ》や襖《ふすま》との調和がまことに心地よく纏《まと》められています。床の間の左の小壁には遠州筆の「忘筌」の扁額が掲げられています。招かれた客は、点前が始まり床の間と点前座に集中したとき、十二畳の広間であることを忘れてしまうことでしょう。

忘筌のもう一つの特徴は、茶室に合わせた露地の工夫です。

西側の庭に面して広い板縁（広縁《ひろえん》）があり、さらに落縁《おちえん》があります。その先に中敷居が設けられ、明かり障子が四枚立てられています。障子の下部は開放されて舟入の間の形をとり、「露結」と刻まれた手水鉢《ちょうずばち》が景を添えています。この窓は舟窓をかたどったものともいわれ、落縁と中敷居で限られた景色は露地の一部となっています。これを茶席内と繋ぐことによって床の間、点前座側の侘びた風情と合致させ、あたかも自

忘筌●露地
点前座方向から露地を見る。

上の写真を横から見たところ。広縁から一段下がった落縁があり、その先に明かり障子が設けられている。

然の腰張りのように意匠化されています。遠州の独創的な茶の空間演出です。

自然の腰張りは、額縁のなかで燈籠や手水鉢、植栽などの配置や高さがよくよく考えられ工夫されています。茶席からは、柔らかい障子越しの光反射と茶席の色調が統一されており、その光景は特に優れた意匠として有名であり、遠州の好んだ白の綺麗さびを実感させてくれます。

清香軒の露地の工夫

同じく露地の工夫として名があがるのが、金沢にある成巽閣《せいそんかく》の清香軒《せいこうけん》です。

兼六園の千歳台にある成巽閣は、加賀藩主十三代前田斉泰《なりやす》が、母真龍院《しんりゅういん》の隠居所として造営した「巽新殿《たつみしんでん》」のことです。一時空館となっていまし

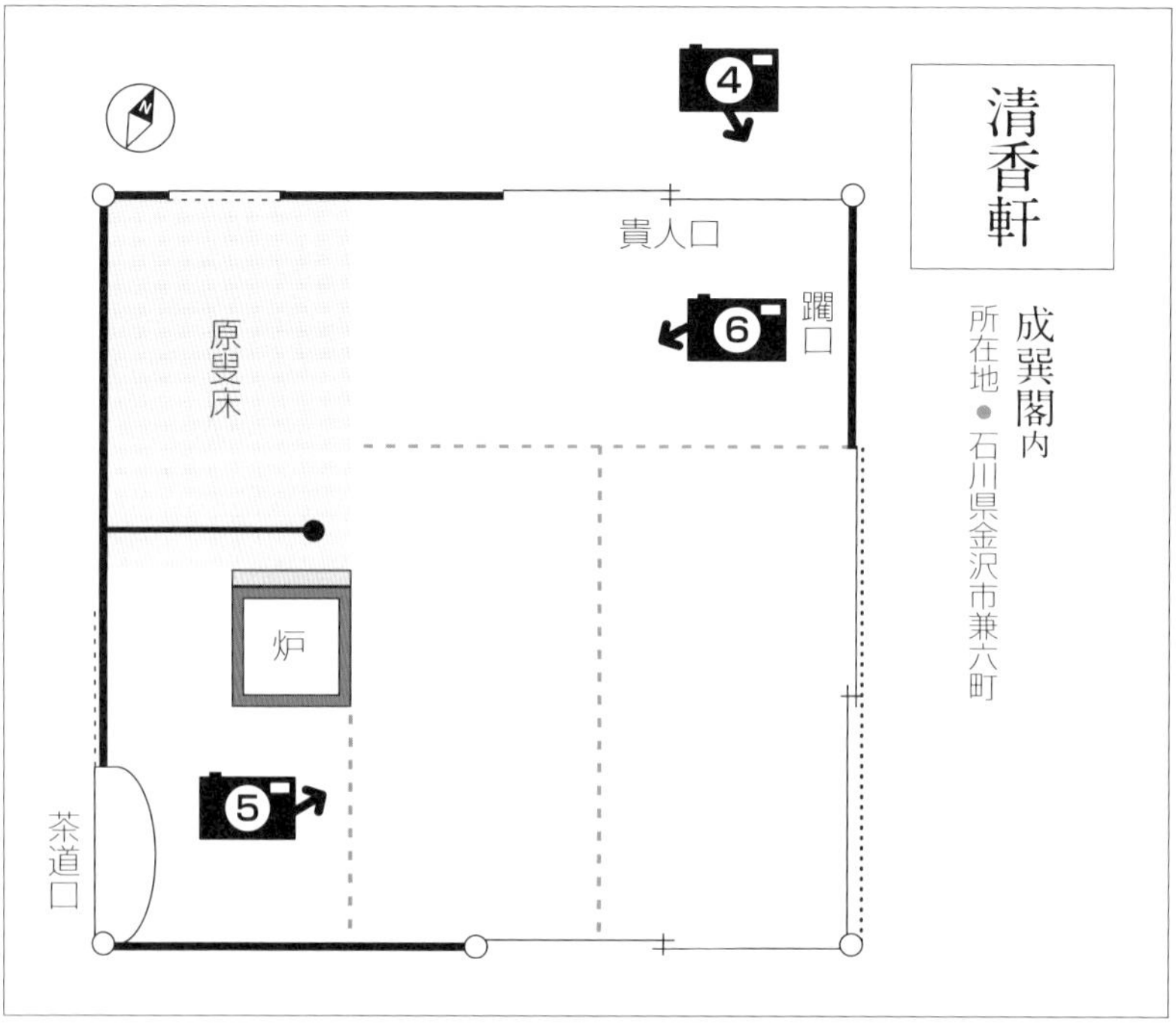

清香軒●外観

躙口側を見た清香軒の外観。

❹ 貴人口側から見た清香軒（写真右手の開口部が貴人口）。土間庇の内側に、細い水の流れとともに露地が設けられている。

たが、明治七年（一八七四）にこの地が公園となった際「成巽閣」と改称され、明治四十一年、再び前田家の別邸に復帰しました。

茶室・清香軒は対面所の背後の「飛鶴庭《ひかくてい》」に面して、御殿に造り込まれています。二方向に広い土間庇《どまびさし》を巡らし、園から引かれた「辰巳《たつみ》用水」の細い流れと緊密に結ばれ、飛石は沢飛びとなって流れを渡るように配置されています。これは雪深く、露地も使うのが困難な季節への茶の配慮が成されており、北陸の雪国らしい工夫となっています。

この土間庇は、御殿に付け下ろされた柿葺《こけらぶき》屋根のさらに一段下に設けられており、ここに書院と茶室が組み込まれています。書院を支えている柱は細い水の流れの中に据えられた石の上に立ち、この流れを横断して土間庇の柱下の土台が折りかねに設けられています。その内側には躙口《にじりぐち》や貴人口《きにんぐち》に導く飛石や敷石が細い水の流れとともに遊び心を持って据えられ、この露地の景色を創り上げています。

また一間《いっけん》以上張り出された土間庇の垂木《たるき》や木舞《こまい》の意匠とその軒先の眺望、そして実際の水の流れを取り込んだこの露地の景とが一体となり茶席に開放感を与えてくれます。土間庇に面して開けられた躙口は、板戸を二本立てて幅広い開口とし、折りかねに設けられた貴人口とともにその開口部を大きく設けています。これには四季を通じて自然の景色を取り込む楽しみがあり、貴人口の建具や躙口の板戸を開放してしまえば、さらに自然を感得できるように上手に意匠化された茶席の工夫といえるでしょう。またこの茶室に隣接して八畳の書院と長四畳の水屋が設けられています。

清香軒の内部は三畳台目で、天井は客座が一面竿縁《さおぶち》

❺

清香軒●

躙口と貴人口（上）

茶道口側から躙口と貴人口を見る。写真左手が貴人口。中央にあるのが通常より幅広の躙口。

❻

清香軒●床（下）

躙口から床を見る。原叟床内には墨蹟窓が開けられている。

天井、点前座が落《おち》天井の構成となっています。

床の間は敷込板の上に床柱を立てて床の空間を形成する原叟床《げんそうどこ》としています。表千家六代覚々斎《かくかくさい》原叟の創始として伝えられる原叟床は、踏込床の形式の侘びた発想の床構えで、床柱には竹の柱が立てられ、床の入隅《いりすみ》は上部のみ塗り残して下方を塗《ぬ》り廻《まわ》しにしています。また少し大きめの墨蹟窓《ぼくせきまど》を開けて掛障子を茶席の外側に掛けることで、床の間に下地の意匠をあえて見せる工夫がされています。これによって侘びた床の姿をいっそう強く現しているといえます。

原叟床を採用した茶席は、四畳半の空間の中に床の間を含み無駄なく茶席が構成され、建築面積の限られた場所では最適の工夫といえます。この成巽閣でも清香軒は建物に取り込み建造されました。建築面積が限られている場合に床の奥行きを浅くすることや壁床を選択することもあるでしょう。しかしこのように一間半のなかに点前座と床の間を組み入れて四畳半の平面で収める方法は、茶の湯や茶室建築に習熟した優れた工夫といえるでしょう。

これらの床の間周辺の意匠は点前座も含めて、先達の知恵に学ぶべき点が多いものと実感します。自分の条件に叶った空間を考える上で大きなヒントになる工夫といえます。

中之坊茶室・松月亭・遺芳庵

窓の配置と大円窓の工夫

中之坊
茶室

當麻寺中之坊内
所在地●奈良県葛城市當麻

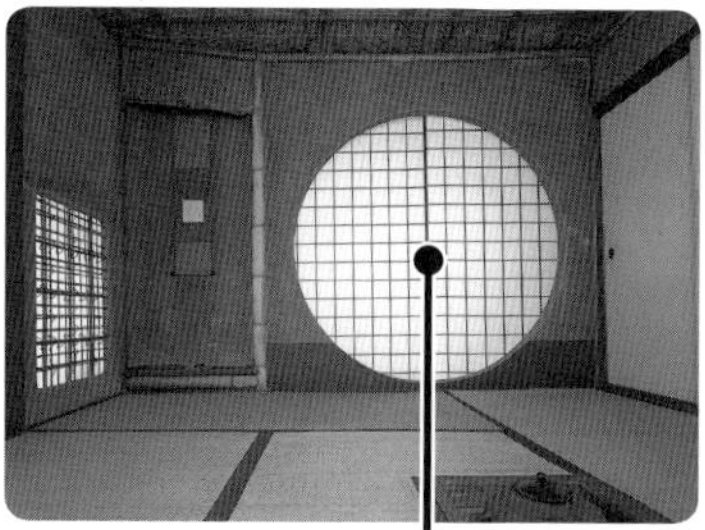

❶「大円窓」から学ぶ

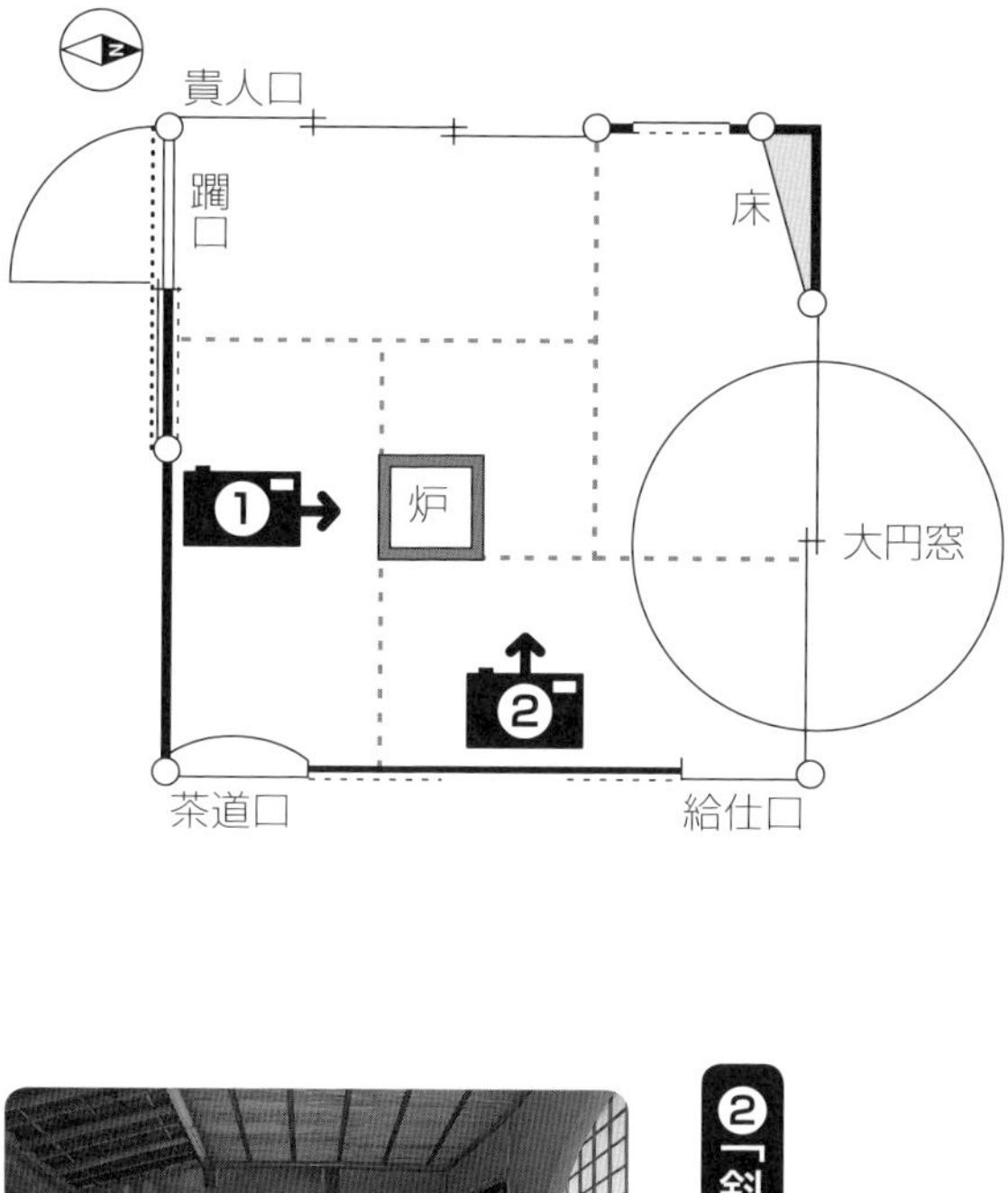

❷「斜めの床」から学ぶ

大円窓《おおまるまど》を用いた名席は限られており、當麻寺《たいまでら》と醍醐寺《だいごじ》そして高台寺《こうだいじ》の三ヶ所にある茶室がその代表としてよく知られています。それぞれの大円窓が他の窓と共に個性的な特徴を現しています。

中之坊茶室の大円窓

當麻寺は奈良県葛城市《かつらぎ》にあり、高野山真言宗と浄土宗の両宗の古刹として知られています。

始めは推古《すいこ》天皇の代に河内《かわち》の二上山《にじょうさん》西麓に萬法蔵院《まんぼうぞういん》を建立、天武《てんむ》天皇の代に現在の地に移転し禅林寺と称していたのを改めたといわれています。東塔と西塔をはじめ曼荼羅堂《まんだらどう》（本堂）、金堂、講堂、中之坊《なかのぼう》など、伽藍《がらん》には歴史ある建物が残っています。

中之坊の開基は実雅法印。『当麻曼荼羅』の発願者と知られる中将姫《ちゅうじょうひめ》は、実雅を師として無常を悟り、この坊で剃髪したと伝えられています。この中将姫伝説が流布し、後西《ごさい》天皇の皇女宗栄尼や尊秀尼が篤く中将姫を信仰したことから、ここに後西院が御幸されたといわれており、その折に造られたのが現在の御幸の間を備えた書院です。寛文期（一六六一～七三）頃の建築と考えられています。

中之坊は代々二上権現の別当職を務めていました。片桐石州《かたぎりせきしゅう》の伯父の且元《かつもと》がその二上権現の普請奉行を務めたことで片桐家との関わりができ、御幸の折の御殿の普請において、その庭と茶室の造作を石州に依頼したともいわれますが詳《つまび》らかではありません。

中之坊の茶室は四畳半敷で、侍者の間の南に張り出して建てられています。西側に三枚の障子の貴人口《きにんぐち》を開け、L字型の南側に躙口《にじりぐち》が設けられています。躙口の板戸は片開きの戸となっており、内側に片引きの明かり障子が立て込まれています。この形式は躙口としては異例な造作となっており、躙口からも光を取り入れることができる一種の窓としての工夫が成されています。この躙口を開けると正面に間半《まなか》ほどの床の間が配置されています。

床は竹の蹴込《けこみ》を入れた板床の形式で、奥行きを浅く斜めに取り、太い竹の床柱を立て、落し掛けに二股の竹を用いています。床の内部は塗《ぬ》り廻《まわ》しで、竹材が多く使われ、三角形の形状もあいまって野趣に富んだ床となっています。これは床の間の奥行きを少しでも確保するために考え

中之坊茶室●
大円窓と床
躙口側から室内を見渡す。大円窓の左手に床が設けられている。

られた意匠です。天井は点前座上部が掛込《かけこみ》天井で客座側は蒲《がま》の竿縁《さおぶち》天井となっており、掛込天井や垂木《たるき》掛、廻縁《まわりぶち》などにも竹材を多く用いているのも特徴的です。また茶道口は火燈形に設け、給仕口は内法高《うちのりだか》（敷居から鴨居までの寸法）を高くした片引きを立て、その残りの壁面に襖壁を立て込んだ形としています。この茶道口、給仕口側は、隣接する五畳の茶室へと接続されています。

中之坊茶室では、何といっても直径五尺四寸（約一六四センチ）ほどの大円窓が興味深い工夫です。この大円窓には外側に二枚の障子が立てら

中之坊茶室●
茶道口と給仕口
写真向かって右には茶道口、左には給仕口が設けられている。襖壁の白が印象深い。

れていますが、大円窓の外側に景色が広がっているのではなく、侍者の間が続いているのが特徴です。大円窓は、躙口から建具を開けて正面に見える床の間と一つの壁面に並び、この四畳半の中核的な意味を成しています。大円窓の大きさと配置が、三枚障子から成る四角形の貴人口や、四角形に配置された白い襖の給仕口、襖壁とまさに対照的なデザインとなっています。

しかし、いずれも開口部を一間の壁面とし、残り半間を柱で挟み、床や茶道口にしているという共通点が挙げられます。ここにこの席の最大

中之坊茶室●茶室内
茶道口側から茶室を見渡す。この位置から室内を見ると、床が斜めに切られていること、また、写真左手にある躙口に障子が入っていることが分かる。

の特徴があり、石州の考え抜かれた好みが具現化されているといえます。丸形の大円窓、三角形の床の間、四角形の開口と、一つの空間に丸、三角、四角が上手に配置され、それぞれが主張しながら、合わさることでも意味を成すという構成です。それが結果的に、まず大円窓にのみ目が集中するという工夫へと繋がっているのでしょう。数寄屋建築では、丸窓の意匠はおおらかな形状からか四角形の窓に比べて数が少なく、配置する場所や扱いがやや難しいといえます。それだけに、配置する場所を吟味することによってより有効な

中之坊茶室●
大円窓から望む茶室内
侍者の間から茶室内を見る。窓の左手に見える掛物は、襖壁を取り払った隣の五畳の間に掛けられている。

窓の意匠となり、個性の強い空間が生まれます。この大円窓の裏手側の侍者の間は、かつて仏間であったと伝えられています。このことはやはり中将姫を偲び、背後に仏間を意識した意匠とも推測できます。

醍醐寺三宝院の大円窓

次に醍醐寺三宝院《さんぼういん》の松月亭《しょうげってい》です。

醍醐寺は京都市伏見区にある真言宗の総本山で、山上の上醍醐と麓《ふもと》の下醍醐から成ります。貞観《じょうがん》十六年（八七四）頃、聖宝《しょうぼう》（空海の法孫）が笠取山《かさとりやま》に准胝《じゅんてい》・如《にょ》意輪《いりん》の二観音を安置し、草庵を営んだことに始まり、延喜七年（九〇七）には醍醐天皇の勅願寺となりました。しだいに山上、山下の両伽藍が整備され、真言宗の二大法流の一つ小野流《おのりゅう》の中心寺院として発展しました。室町時代には最盛期を迎え、七十三世満済《まんさい》が幕政に関わるほどとなります。中世には荒廃しましたが、豊臣家の援助を受けて八十世義演《ぎえん》によって近世初めに復興されます。慶長三年（一五九八）には、有名な醍醐の花見が行われています。国宝の建造物も多く、子院も多く立ち並ぶ風格のある寺院です。

三宝院は醍醐寺の総門を入った左側に位置しています。永久三年（一一一五）、勝覚《しょうかく》権僧正の創建で、堂宇は慶長三年から八年かけて建てられました。これらは特別史跡や特別名勝に指定されている庭園に面しており、往時が偲ばれる空間となっています。

松月亭は宸殿《しんでん》の東の中庭に面しており、池泉に一部がせり出すように造作された四畳半です。柿葺入母屋《こけらぶきいりもや》造《づくり》の建物で本席、水屋、落間（他の部屋に比べ床が一段低くなっている部屋）から成る小さな建物です。東南の隅柱《すみばしら》や南側の濡縁《ぬれえん》は池の上に位置し、池泉と茶室の融和が試みられています。また露地の蹲踞《つくばい》も池泉の中に据えられて、池泉との一体感が面白い趣向となっています。松月亭への席入は縁側から庭に降り、飛石伝いに蹲踞を使って躙口より上がります。床の間と茶道口が並ぶ、亭主床の形式となっており、炉は本勝手の四畳半切です。

松月亭の大円窓は四尺七寸ほどの開口で、東の客座側に開けられています。これは南の客座側の大きな縦長四角形の中窓と対照的な形状となっており、その下にある横長の板戸の地窓も開け、すべての窓を開放すると濡縁や池泉、そして涼風が体感できるという工夫です。また南

松月亭

醍醐寺三宝院内

所在地●京都市伏見区醍醐東大路町

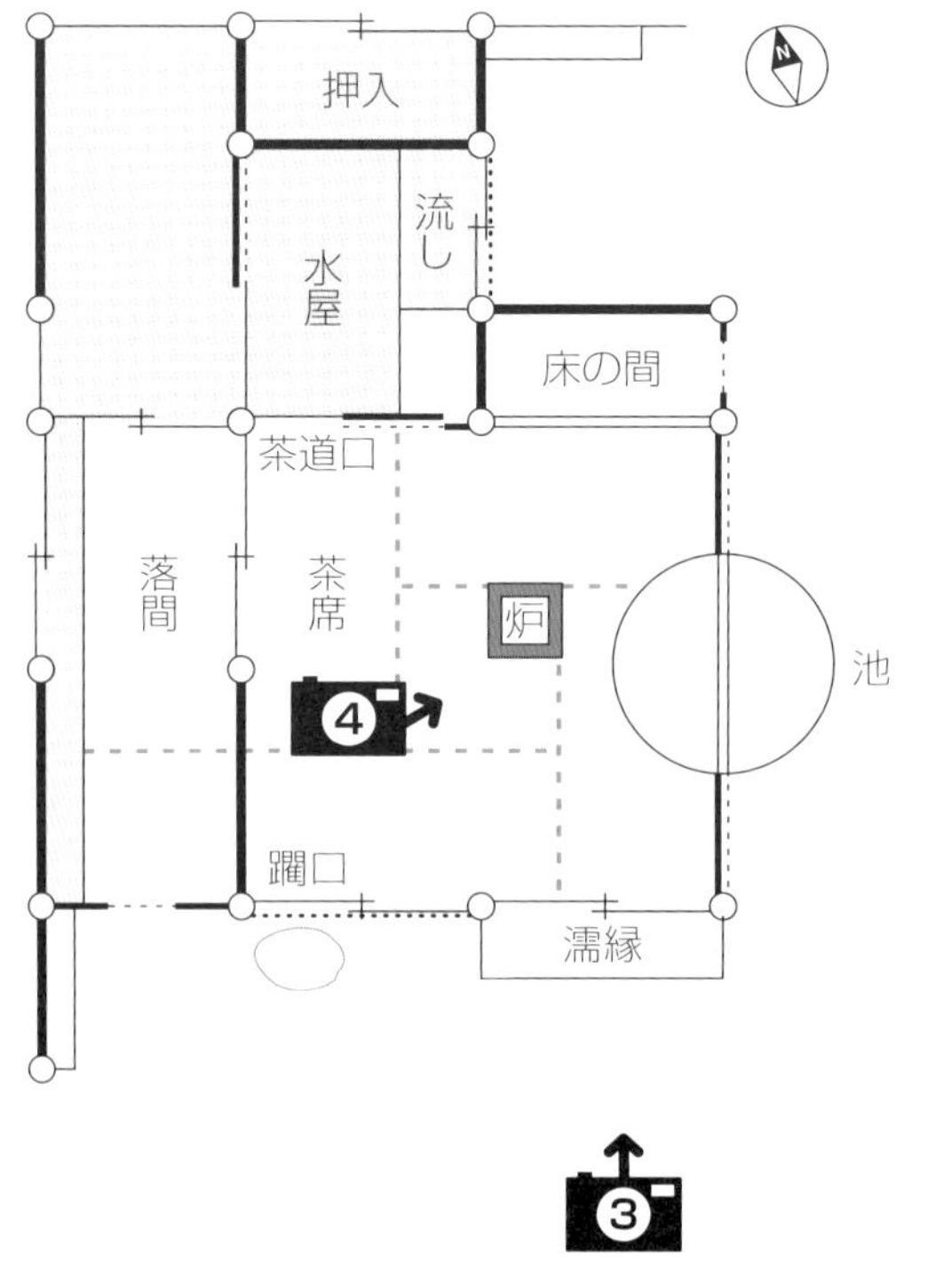

❸
松月亭●外観（上）
池泉の上にせり出すように茶室が建てられているのが分かる。躙口の上には連子窓、その向かって右（南の客座側）に大きな四角形の中窓、その下に板戸の地窓が開けられている。

❹
松月亭●内観（下）
大円窓から池泉を望むことが出来る。

側の四角形の中窓の横には横長の連子窓《れんじまど》が、その下には躙口が設けられています。大胆に開けられ絶妙に配置された丸と、四角の形状の中窓や地窓は、周囲の池泉を席中に取り込み、茶を点てながら亭主自ら床の掛物や花、そして大自然を楽しむことができる意匠となっています。また客座側も座る位置によって自然の映りこみが変化し、それぞれの場所で楽しめる工夫が成されています。

茶席が池泉にせり出しているからこそ、開放的空間が趣向として効果を発揮し、周囲の大自然と上手に融和した心地よい空間として纏《まと》められています。その意味から考えても大円窓が必須の四畳半といえるでしょう。自然を取り込む空間の意匠として参考になる江戸期の遺構です。

遺芳庵の大円窓

最後に紹介するのは高台寺遺芳庵《いほうあん》の大円窓です。高台寺は京都市東山区下河原町にある臨済宗《りんざいしゅう》建仁寺派の寺院で、鷲峰山《じゅぶさん》と号します。北政所《きたのまんどころ》が亡夫・豊臣秀吉の冥福を祈るために建てられた寺で、徳川家康の援助を受けて慶長十一年に竣工しました。当時の建物として山裾《やますそ》に開山堂、霊屋《おたまや》、観月台、表門、傘亭《からかさてい》、時雨《しぐれ》亭《てい》があり、また大正時代に移築された茶室遺芳庵、鬼《おに》瓦席《がわらのせき》も有名です。

遺芳庵は、灰屋紹益《はいやじょうえき》が吉野太夫《よしのだゆう》を偲んで造作したとも伝えられています。外観は茅葺宝形造《かやぶきほうぎょうづくり》に切妻屋根を組み合わせ、床高が低い構えとなっています。内部は一畳台目向板《だいめむこういた》入、向切逆勝手《むこうぎりぎゃくかって》で、洞庫《どうこ》を備えた侘びた茶室です。点前座先を壁床《かべどこ》とし、床柱に見立てた竹

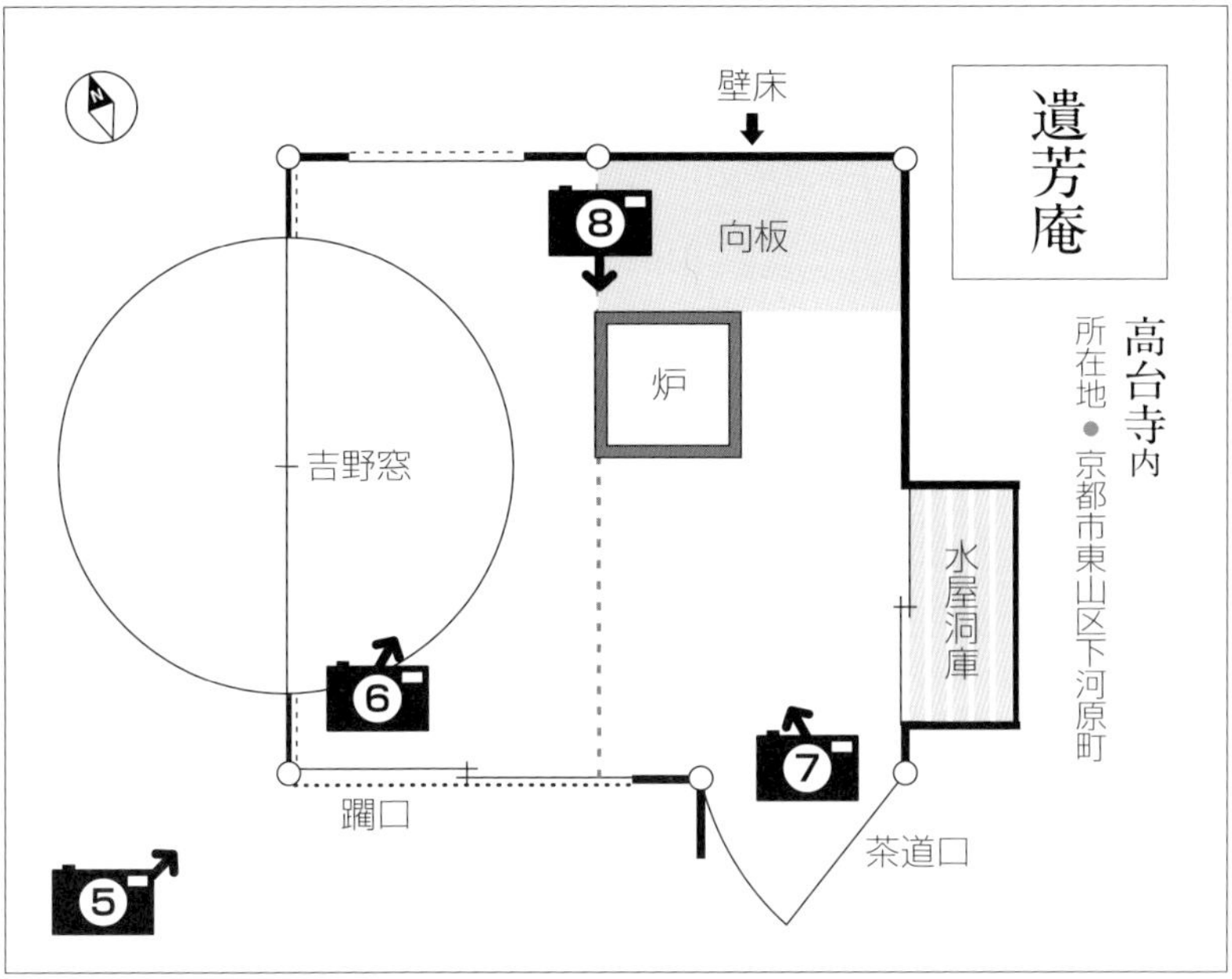

❺ 遺芳庵 ● 外観

遺芳庵の外観。西側に大円窓（通称・吉野窓）が開けられる。

❻ 遺芳庵 ● 茶室内

躙口から席中を見渡す。写真右手には洞庫が見える。向板の先にある柱に釘が打たれており、花入が掛かる。

❼

遺芳庵●茶室内

茶道口から席中を見渡す。炉の先には向板が入れられている。

❽

遺芳庵●

躙口と茶道口

躙口と茶道口を正面から見る。茶道口は開き戸になっている。

柱に花釘が設けられ、反対側入隅《いりすみ》の柱は下部を消して塗《ぬ》り廻《まわ》しにしています。茶道口は杉の開き戸とし、二畳ほどの水屋が備えられています。茶席の天井は竹の簀子《すのこ》張《ば》りで廻縁に雑木丸太が用いられています。

西側の壁面一杯には、大きな円形の下地窓《したじまど》が開けられています。この大円窓は吉野太夫が好んだところから吉野窓といい、ゆえにこの席は吉野窓の席とも呼ばれています。この大円窓の内側には二枚の障子が立てられていますが、これは少し中央が透かせる程度でほとんど開けることができません。この窓は採光やデザインを重視した窓といえます。数寄屋建築では、窓は眺望や採光、通気だけでなくデザイン性を優先して設ける場合もあります。現代では、窓の無いビルの中の茶室などで、光や通気がなくても茶室の意匠として配置することもあります。その意味を示唆してくれる重要な実例と言えます。

これらの大円窓は三者三様で、自然と接する外部に開けられていないもの（中之坊茶室）、自然を取り込むために開けられたもの（松月亭）、自然と接しながらも開けることができないもの（遺芳庵）と、用途は様々です。しかしそれぞれ、配置や円形という形状、そしてその大きさが茶室全体の印象に大きく関わっていることを理解していただけると思います。円窓は使い方によっては、御祖堂《おんそどう》などの仏間的意匠に好まれ、一方で瀟洒《しょうしゃ》なおおらかな雰囲気を創り出す効果もあります。数寄屋建築の窓の意匠を考える上で重要な遺構といえるでしょう。

松花堂・長闇堂

多目的小空間に施された繊細な工夫

松花堂

八幡市立
松花堂庭園内
所在地●京都府八幡市
八幡女郎花

❶「袋戸棚」から学ぶ

❷「仕切り」から学ぶ

松花堂《しょうかどう》は松花堂昭乗《しょうじょう》が晩年の寛永十四年（一六三七）に退隠し、男山《おとこやま》（石清水八幡宮）瀧本坊《たきのもとぼう》の南の泉坊に営んだ茶堂です。この遺構は明治の神仏分離の改革に際し、客殿とともに山麓の大谷家に移築され、更に西村氏によって、明治二十四年（一八九一）、現在の地である八幡市八幡女郎花《やわたおみなえし》に泉坊の庭と併せて移築されたものです。二畳丸炉《がんろ》の席としても知られています。建物は移築にも関わらず、旧態を復元し江戸時代初期の風格を伝えています。建物を含めて庭園は国の史跡や名勝に指定されています。この建物・庭園は現在、八幡市の管理となっており一般に公開されています。

松花堂●外観
庭園の中に建つ松花堂。正面に見える障子は貴人口。（松花堂の茶室の写真はいずれも昭和四十五年ころに撮影のもの）

　茶堂は庭の中に独立しており、一間半《いっけんはん》四方とほぼ方丈の広さといえる建物です。外観は、屋根を茅葺《かやぶき》の宝《ほう》形造《ぎょうづくり》とし、昭乗らしい窓や袖壁《そでかべ》、濡縁《ぬれえん》を配しており、瀟洒《しょうしゃ》な茶堂としての雰囲気を感じさせてくれます。躙《にじり》口《ぐち》と貴人口《きにんぐち》の両方を備えており、貴人口の建具は二枚の腰障子が立てられ、その上部には松花堂の扁額が掛けられています。

松花堂に凝縮された様々な工夫

　内部は、二畳の間と勝手が一畳、板張りの水屋、一畳ほどの瓦四半敷《かわらしはんじ》き土間（目地が縁に対し斜めになるよう四十五度の角度で敷かれた土間）から構成されています。
二畳の間の北側は中央に床柱を立て、土間から向かって右側に床、左側に上中下三段の袋戸棚が設けられています。袋戸棚の上中二段には引違《ひきちがい》の小襖《こぶすま》が入れられ、下段には引違の片木戸が備えられています。床の内部は板張りとし、蹴込板《けこみいた》を入れて板床の形式としていますが、奥行きが浅いため押板のような形態となっています。また前述の袋戸棚は点前座先に位置し、上二段は物入や飾り棚として使用することができ、下段は板張りで左隅に丸炉が切られ、右隅には一重の棚が設けられています。この丸炉は点前座先の向板に切られている形式と同様で、ここに釜が懸けられ、いつでも茶の湯ができる構えとなっています。また点前座との仕切りに二枚の片木戸《へぎど》が入れられているため、不要な時は締め切って隠すこともできる便利な工夫がされています。

西側は二枚の襖で仕切られており、片方は茶道口、反対側は持仏堂《じぶつどう》が設けられています。茶席に持仏堂や仏壇を組み込む手法は今でも行われることがあります。この場合、茶室で供茶がしやすい空間創りが求められます。この席のように持仏堂が点前座の上座《じょうざ》に位置していれば動線もよく、通常時は襖で仕切ることもでき、簡易ながら上手な工夫といえます。

南側は戸襖二枚で瓦四半敷きの土間と仕切られています。この瓦四半敷きには竈土《くど》（かまど）を築き、その背後の壁には開口を設けて引き上げ戸を備えています。これによって遠回りせず竈土からの湯水や料理が手渡しで勝手へと運べる動線の工夫が成されています。茶席と洞庫《どうこ》の関係と同様に、台所と水屋の繋がりを考慮した優れた意匠で、茶席と水屋、そして台所を繋ぐ装置として有効な工夫です。この竈土（台所）の存在は、茶室・仏堂に生活的要素を与えているものといえます。なお、土間の入口には二枚折の両開きの桟《さん》唐戸《からと》が立てられています。

松花堂●
茶室内（右）
写真中央には三段の袋戸棚があり、下段の床（ゆか）には丸炉が設けられているのが分かる。

松花堂●
仕切りの工夫（左）
室内と水屋、土間との仕切り部分。壁と水屋の間には開口部があり、襖を突上げる仕掛け。また左手に見える板戸は土間に置かれた竈戸の上部に設けられ、勝手との料理などの受け渡しに便利なよう引き上げ戸が取り付けられている。

松花堂●竈戸
土間には竈戸が設けられているのがこの草庵の大きな特徴。

東側は腰高障子二枚の貴人口と濡縁が備えられています。また天井は竹の薄皮網代《あじろ》に赤い日輪を大きく描き、極彩色の一対の鳳凰《ほうおう》と桐花紋を配しています。現在の天井は、材料も絵も後補（土佐光武《とさみつたけ》筆）であり、もともとこれに近い意匠であったことが知られています。さらに襖の引手にも意匠を凝らし、陶器や竹の節、木彫など、用途に応じて用いられています。

また勝手一畳は畳を斜めに隅切《すみき》りし、板の間の水屋へと続いています。斜めの仕切りは火燈口《かとうぐち》が設けられ、太鼓襖《たいこぶすま》が備えられていますが、片引きとしてのスペースがなく、太鼓襖が吊られており、水屋を使用する時には襖を突上げる仕掛けとなっていて、狭い空間の利用が巧みに成されています。

さらに窓の意匠も面白く、勝手一畳に開けられた異形六角の下地窓、水屋に設けられた猪目窓《いのめまど》（内部に

松花堂●土間の入口
南側の土間の入口は桟唐戸になっている。柱際の異形六角の下地窓や天然木を配した袖壁も面白い。

掛障子を備える）は昭乗の軽快な遊び心を表す有名な意匠といえます。昭乗には多くの交友関係があり、書画を描き詩歌を作り風流を楽しみ、自由な茶を行っていたと考えられます。それだからこそ松花堂昭乗の二畳の空間は仏道の室であり、書斎であり、画室であり、茶席であり、サロンであり、それぞれの用途に応じた繊細な工夫が限りなく創造されたものといえます。これはまさしく小空間に凝集された茶のある居室の好例といえるでしょう。

猪目窓は、形が猪の目に似ていることから、この名が付いたという説がある。ハート型に近い形状が特徴。内部に掛障子が掛かる。

興福院長闇堂の意匠

また同時代では奈良の興福院《こんぶいん》の長闇堂《ちょうあんどう》があげられます。境内の庭は小堀遠州《こぼりえんしゅう》の作ともいわれており、本堂には遠州筆の扁額が揚げられ、当院と遠州との関係、さらにこの茶室を好んだ久保権大輔《くぼごんだゆう》（号・長闇堂）との関係も書状から伝えられています。

長闇堂の外観は松花堂と類似していますが、宝形造で軒反《のきぞ》りが付けられています。

その内部は二畳敷きに厨子《ずし》と床の間から構成されています。席中は貴人口の正面中央に樹皮を削《そ》いだ松丸太の床柱を立て、塗りの床框《とこがまち》、木地の落し掛けを備え、入隅《いりすみ》を塗《ぬ》り廻《まわ》しとしながらも本床《ほんどこ》の形式としています。床の間に向かって左側には地袋《じぶくろ》の上に厨子を設けています。厨子は壁土がなだらかに塗り込められた

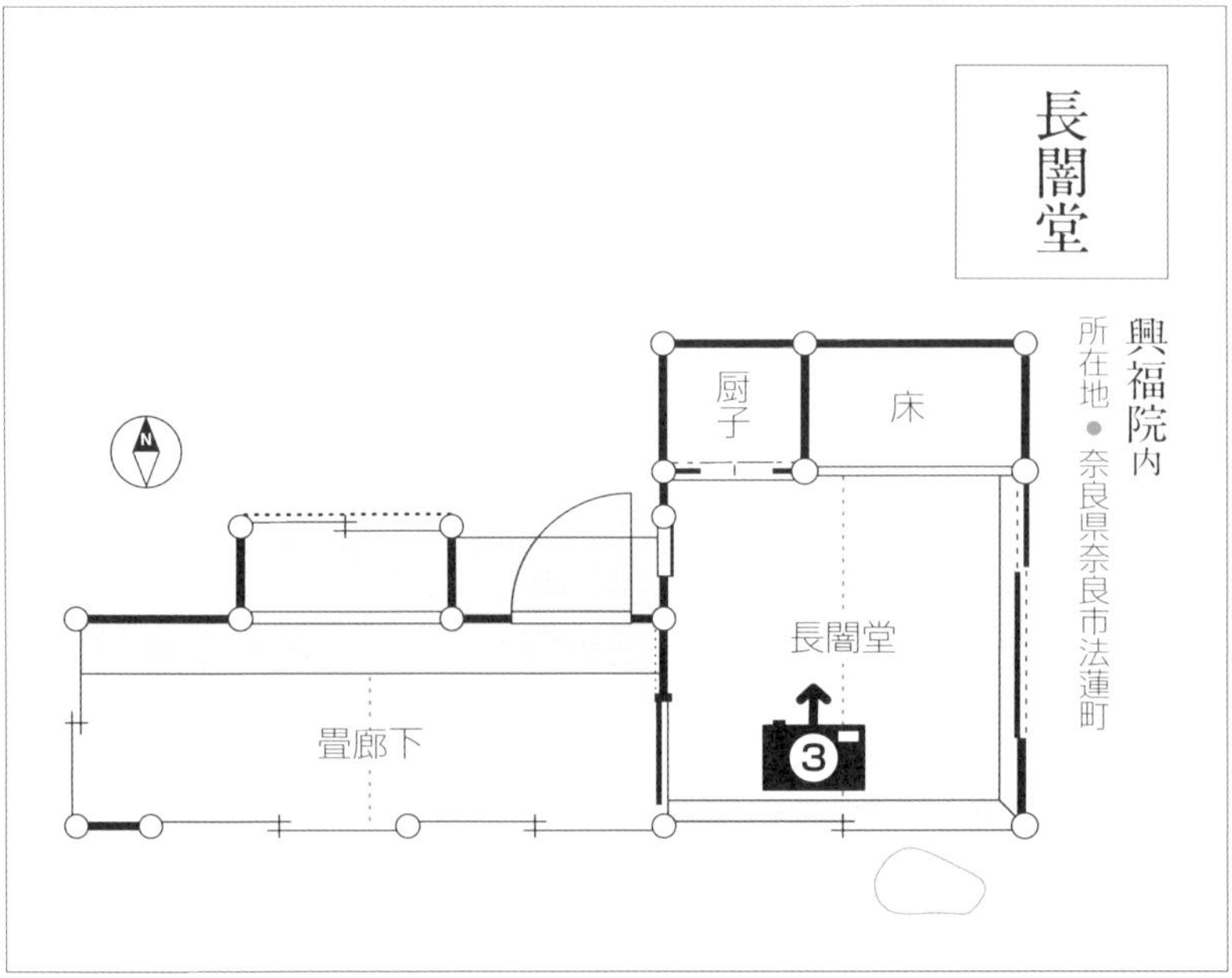

3
長闇堂●床
写真左手の火燈形の障子を開けると厨子が据えられている。引戸でも開き戸でもない方法で戸を開閉する工夫に、茶匠の自在な発想を感じ取ることができる。

火燈形の意匠とし、一枚障子を横に引くと床にはみ出してしまいますので、新幹線や飛行機の窓のように擦り上げて開ける工夫がされています。ここには仏像が祀《まつ》られています。茶席に厨子を併せ持つ場合、点前座周辺にこのように纏《まと》めることが多く、この席もその一例といえるでしょう。

この点前座勝手付《かってつき》には下地窓《したじまど》と茶道口を配し、床の右側客座の後ろにも下地窓を設けています。その窓の上には長闇堂の額が掛けられています。天井は紙張りとし、南都大仏殿勧進帳などが貼られています。また客座側の後ろと貴人口側の折りかねに板畳が入れられ、余裕を持たせて方七尺に整えられています。

紹介した二つの茶室は二畳という小空間でも用途に応じそれぞれの工夫が成されており、茶の湯のあり方が空間に表現されているものといえます。茶室は用途に応じて柔軟な発想を持ち、そこから茶の湯に適った独特な工夫が生まれるものだと思います。そのためには茶の湯の修行や修練が望まれることでしょう。

床の間の部分名称

落し掛け《おとしがけ》
床の間の上部に下げられた壁の下端に掛け渡された部材。

中釘《なかくぎ》
床の間の正面に花入を掛けるために打たれた釘。掛物を掛けるときは中に押し込むようになっており、そのような釘の形状を無双釘という。

軸釘《じくくぎ》
掛物をかける釘のこと。

柳釘《やなぎくぎ》
正月の床飾りである結柳などを入れる竹花入を掛ける釘。

釜蛭釘《かまひるくぎ》
釣釜を懸けるために炉の真上に打たれた釘。

花釘《はなくぎ》
花入が掛けられるように床柱に打たれた釘。

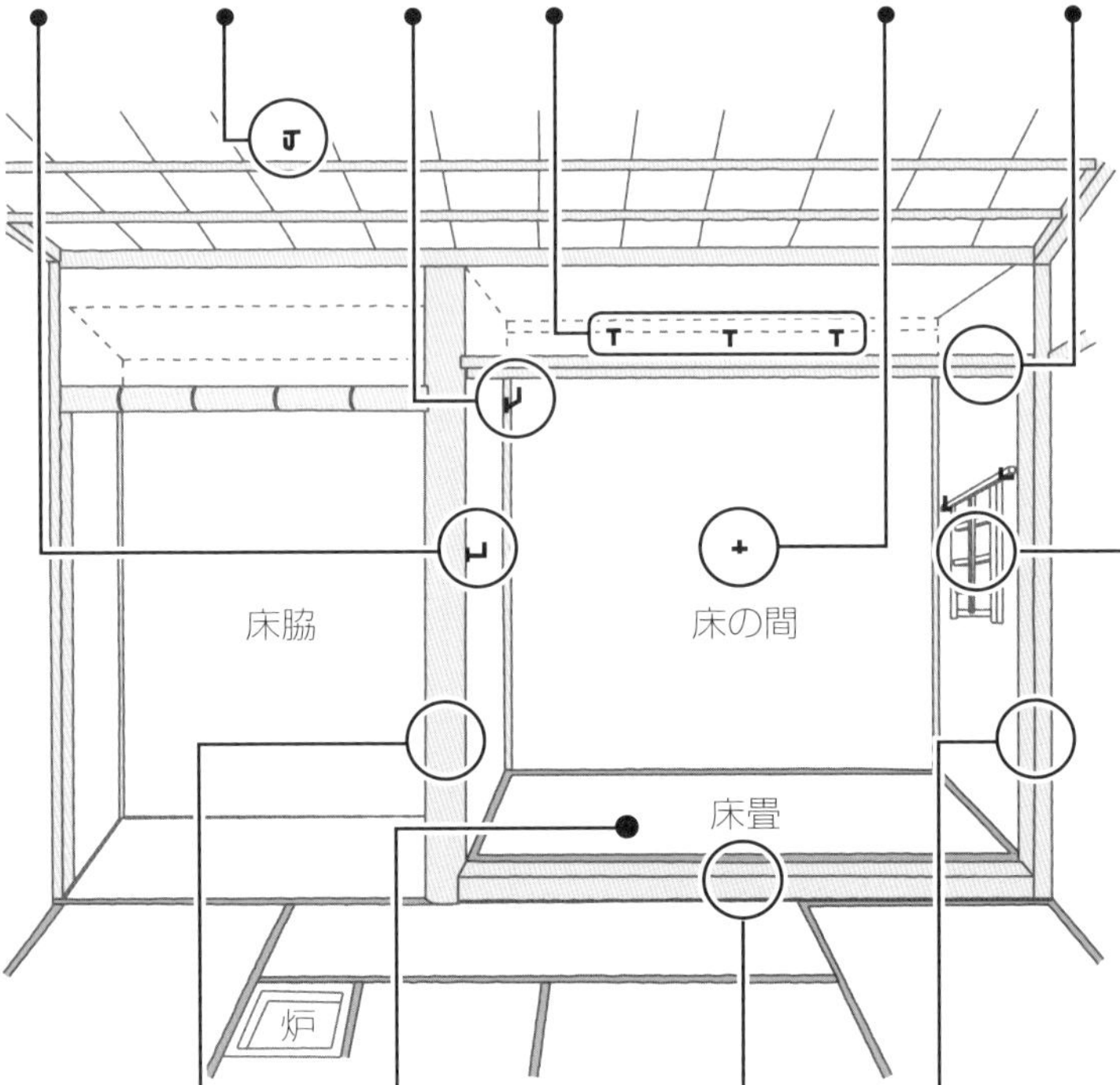

墨蹟窓《ぼくせきまど》
床の側壁に開けられる窓。掛けられた墨蹟に明かりを当てる意味からの呼称で花明窓ともいう。

相手柱《あいてばしら》
床柱に相対する位置に立てられた柱のこと。

床框《とこがまち》
床の間の間口前端に設置する化粧横木。床畳や床板を隠す。面取りをし、黒漆塗を施したものや、木地のままのものが用いられる。

床畳《とこだたみ》
床の内部に敷かれる畳、板が敷かれる場合は床板という。

床柱《とこばしら》
床の脇に立てられた柱。床を構成する要素のなかでも、もっとも重く扱われる。床柱にその茶席の性格が現れるともいえる重要な部材。

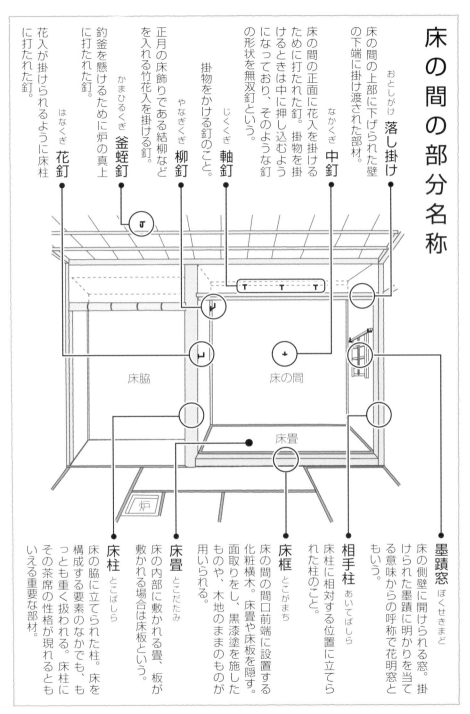

天井の種類と部分名称

化粧屋根裏天井《けしょうやねうらてんじょう》
本来の屋根裏天井の下に、化粧材を用いて組まれた天井。

掛込天井《かけこみてんじょう》
平天井に、掛け込み上がる化粧屋根裏天井が組み合わされて構成される。

平天井《ひらてんじょう》
面が平らな形状になっている天井。

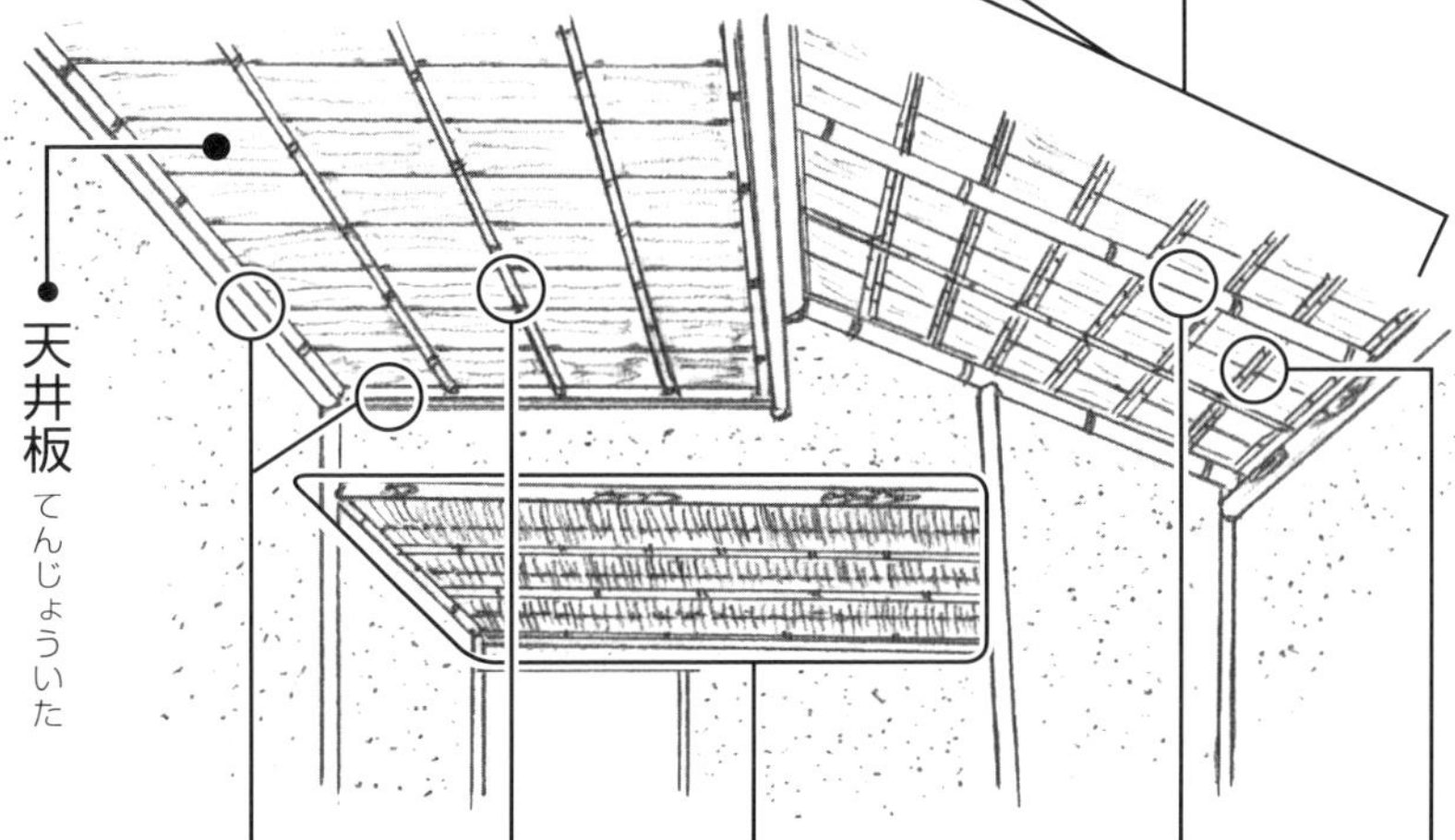

天井板《てんじょういた》
天井に張られた板のこと。

木舞《こまい》
天井や壁の下地などに組む細い木や竹材。小舞とも書く。

垂木《たるき》
板天井を支えるため、棟から軒に渡して屋根面を構成する材。下から見えるものを化粧垂木、見えないものを野垂木という。

落天井《おちてんじょう》
主となる天井に対し一段低く張られた天井。

竿縁《さおぶち》
板天井などを押さえるために付けられる細長い木や竹材。

廻縁《まわりぶち》
天井と壁面の接点に付けられる化粧材。

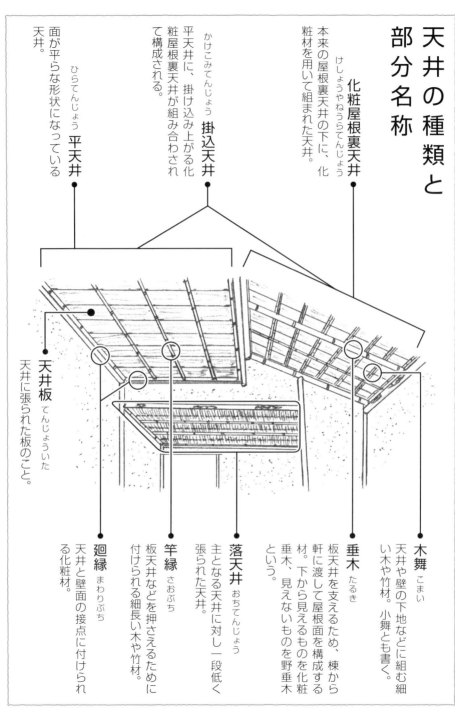

点前座の部分名称

袖壁《そでかべ》
壁面から直角に袖のように取り付けられている壁。点前座に付けられた袖壁は、下部は吹き抜けにし、点前の様子が見えるようにしていることが多い。

中柱《なかばしら》
炉の隅、または点前座と客座の境に立てられる柱。

色紙窓《しきしまど》
上下二段が一組になった窓の形式。点前座付近に配置される。

茶道口《さどうぐち》
亭主が茶室を行き来するための出入口。

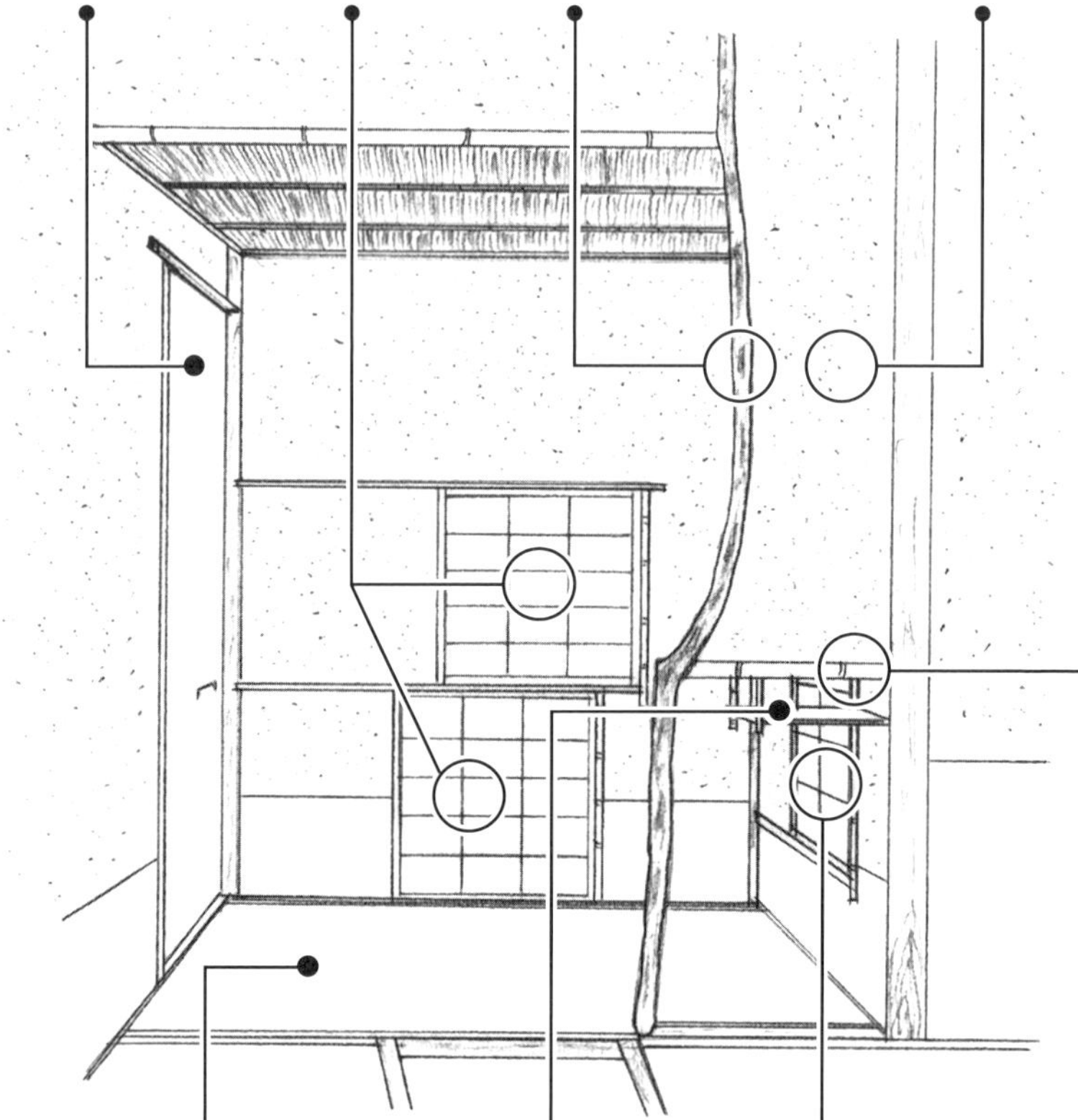

引竹《ひきたけ》
袖壁の下端を止めるための竹。竹ではなく杉などを用いるときは「横木」という。

風炉先窓《ふろさきまど》
点前座に据える「風炉」の向こう側（先）の壁面に開けられた窓。

釣棚《つりだな》（仕付《しつけ》棚）
棚板を釣木で吊り下げた形式の棚。中柱が立てられている場合、多くの茶室に釣棚が設けられている。

点前畳《てまえだたみ》
点前座に使用する畳。道具畳ともいう。

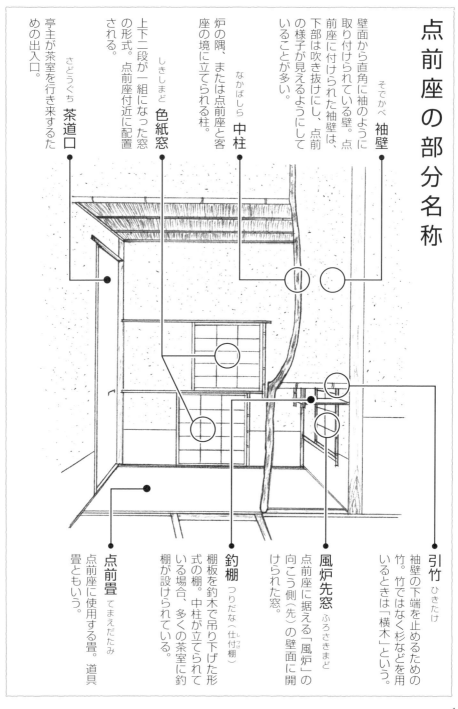

躙口周辺の部分名称

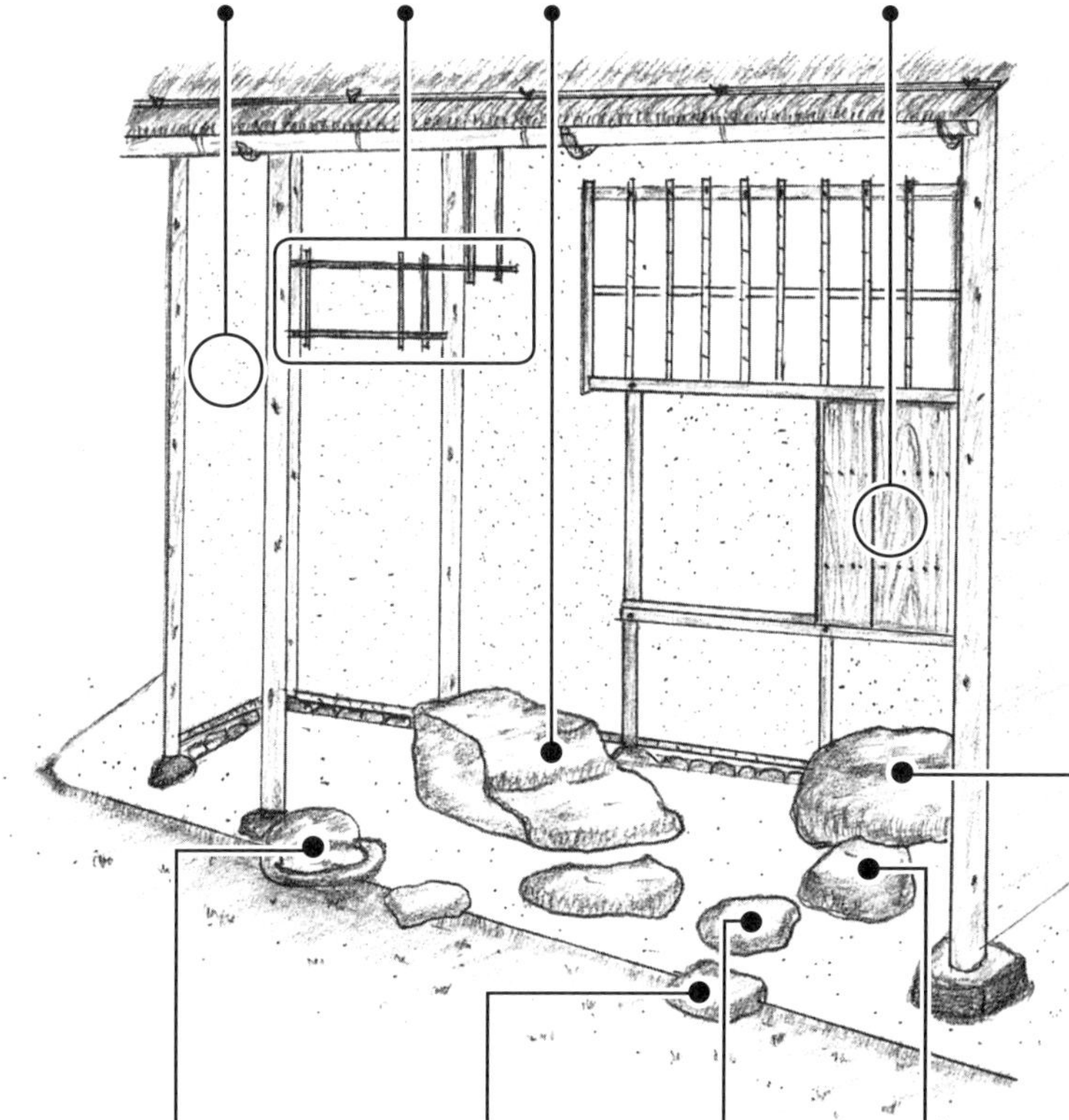

躙戸《にじりと》
躙口に取り付けられた板戸。

刀掛石《かたなかけいし》
刀掛の下に据えられる石。

刀掛《かたなかけ》
茶室の入口に設けられた刀を掛けておく棚。

袖壁《そでかべ》
壁面から直角に袖のように取り付けられている壁。外に設ける場合は、デザイン的な理由の他、建物を補強の意味ももつ。

踏石《ふみいし》
躙口に最も近い位置に据えられる石。「沓脱石」「一番石」とも。

落石《おとしいし》
躙口から、踏石の次に据えられる石で「二番石」とも。

乗石《のりいし》
躙口から、落石の次に据えられる石で「三番石」とも。

飛石《とびいし》
乗石から先は、飛石といわれる、露地の進行方向を示すために打たれた石が連なって据えられる。

塵穴《ちりあな》
茶室周辺に設けられ、木の葉などの塵を捨てるが、実用面と精神面の両面での意味合いがある。

床の形状と種類

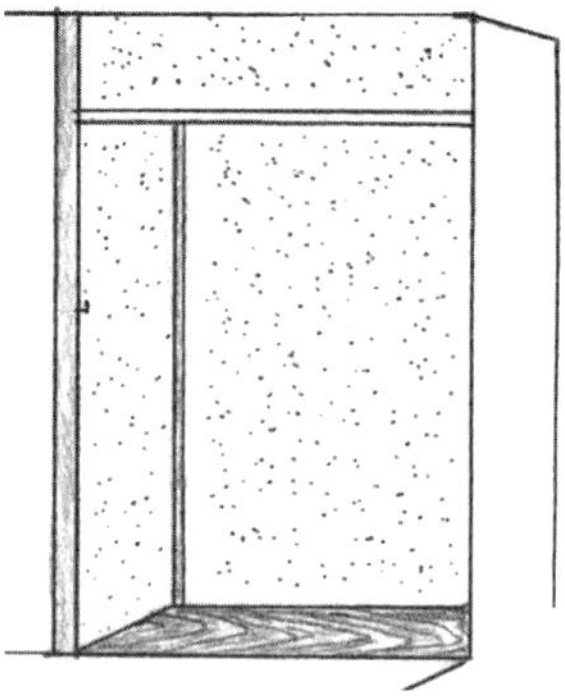

踏込床《ふみこみどこ》

床框が省略された床。室内の畳面と床が同じ高さになる。

蹴込床《けこみどこ》

床の地板の下に蹴込板をはめ込んだ床。室内の畳面よりも少し高くなる。

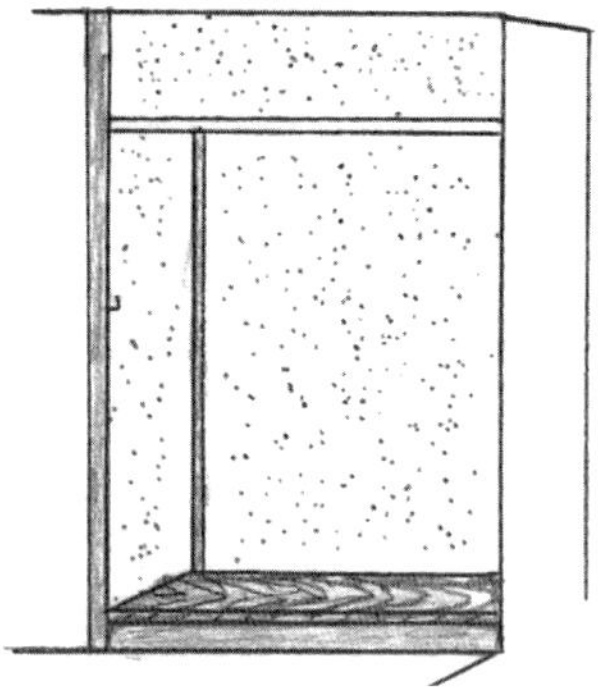

袋床《ふくろどこ》

左右どちらかの落し掛けから柱が立ち、そこに袖壁が付く形式の床。

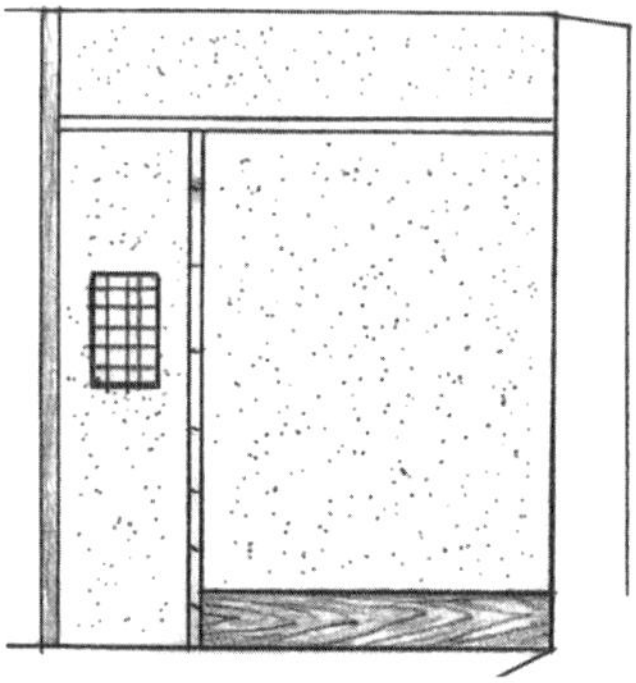

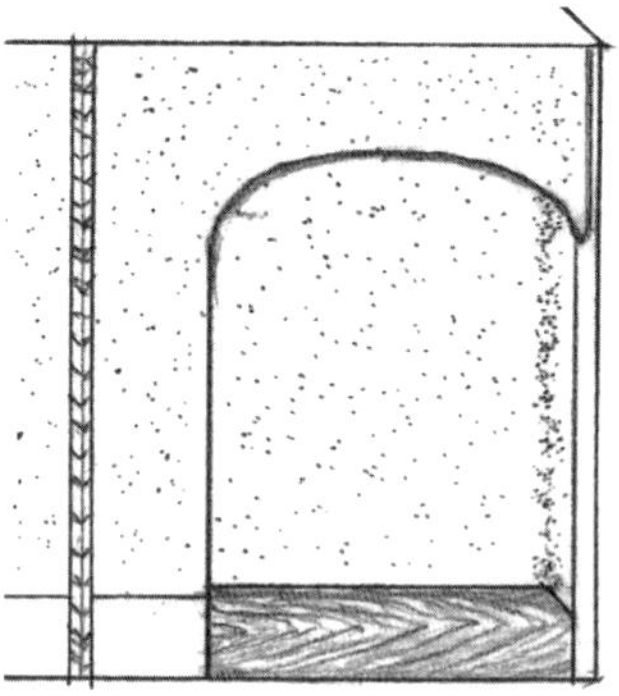

洞床《ほらどこ》

床の前面に袖壁を付け、框を省略した形式が多い。落し掛けも省略され、床柱から少し壁を付け、下がり壁が半円、弓形で床内部まで塗り廻された床。洞穴のように見えることからこの名が付いた。

室床《むろどこ》

床の中の壁及び天井まで、入隅を含め全て塗り回した床。

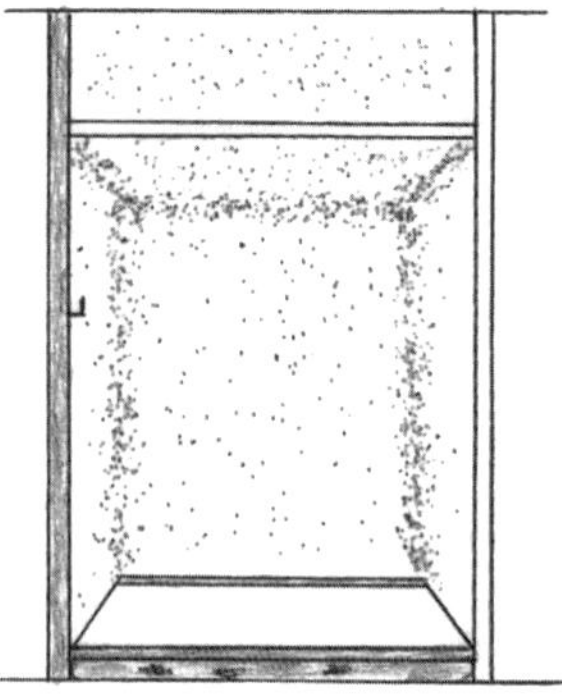

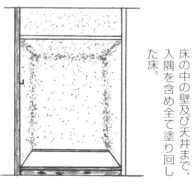

屋根の形状と種類

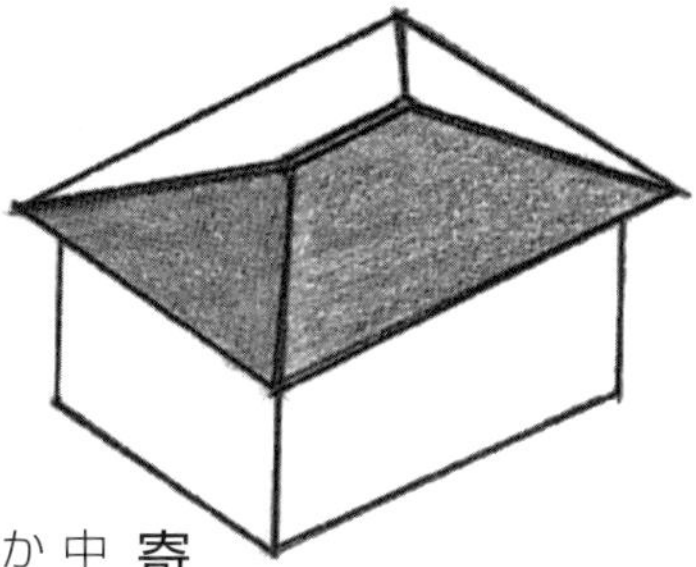

寄棟造《よせむねづくり》

中央の大棟（おおむね）から四隅に隅棟（すみむね）が流れる形式の屋根。

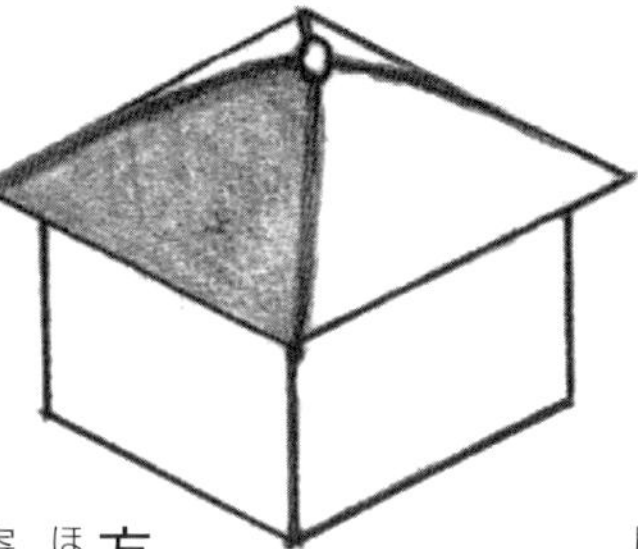

方形（宝形）造《ほうぎょうづくり》

寄棟が屋根の中央に集まる形状の屋根。

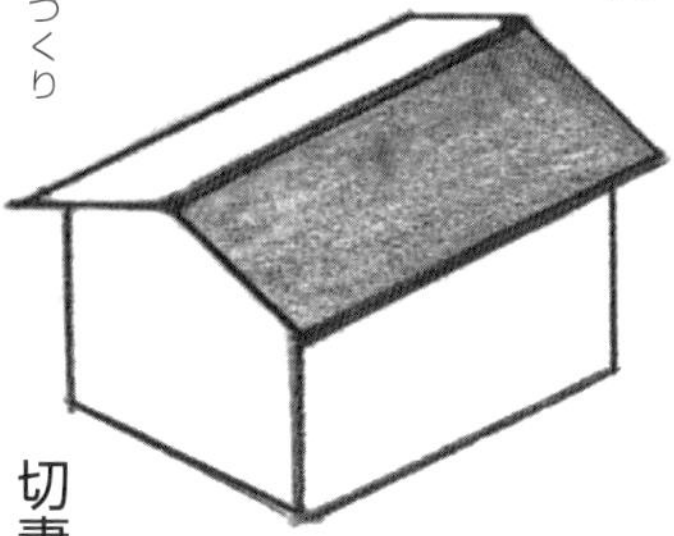

切妻造《きりづまづくり》

中央の大棟を境とし、両側に流れを持った屋根の形式で「両下げ」ともいう。

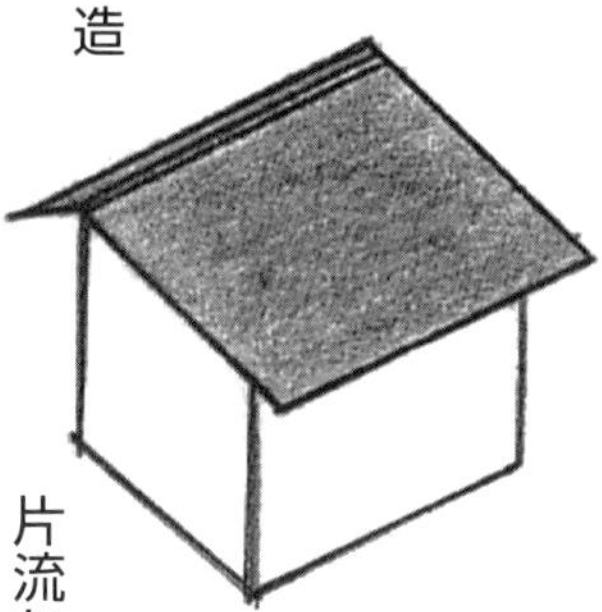

片流れ《かたながれ》

片方のみに屋根が流れる形状の屋根。

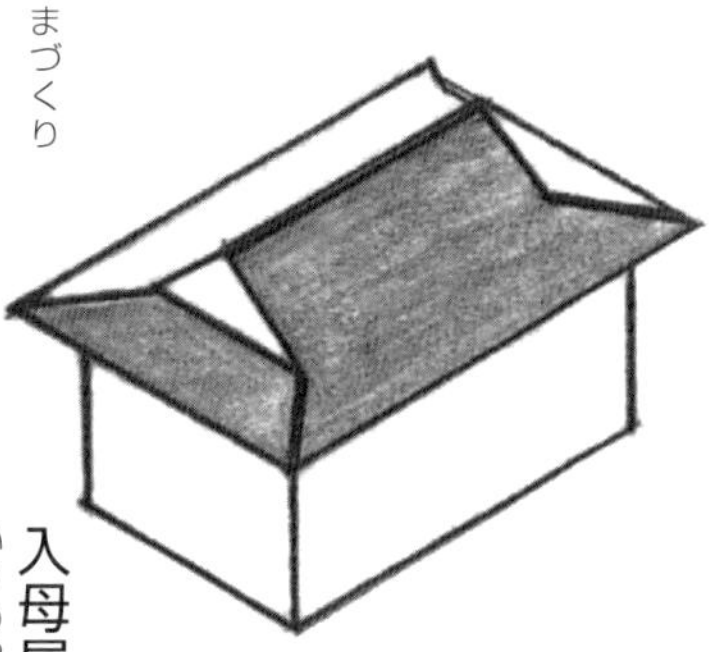

入母屋造《いりもやづくり》

上部を切妻にし、その四方に庇を付けた屋根の形状。

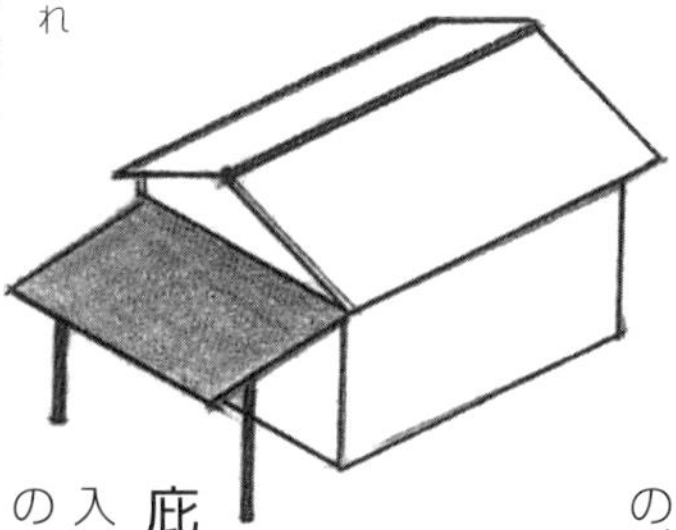

庇《ひさし》

入側、窓、出入口などの上で、母屋から外側に差し出した小屋根（下屋）のこと。

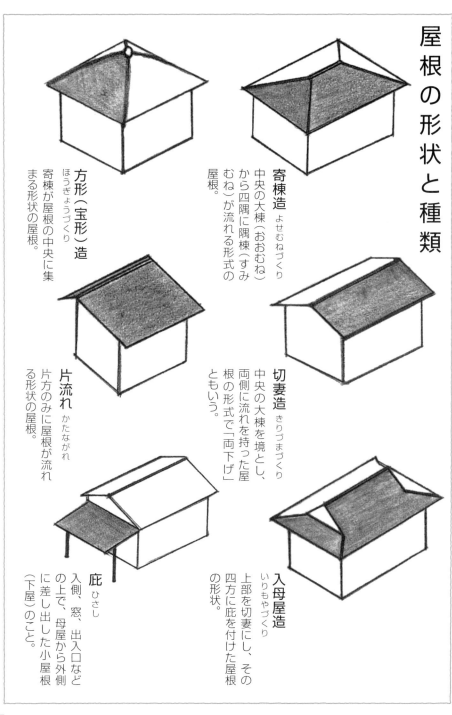

その他の用語解説
（五十音順）

あ

網代張り《あじろばり》
杉や竹、クロベなどの木材を薄くへぎ、編み込んだもの。組み方にも種類があり、「矢筈網代」「角網代」などがある

矢筈網代

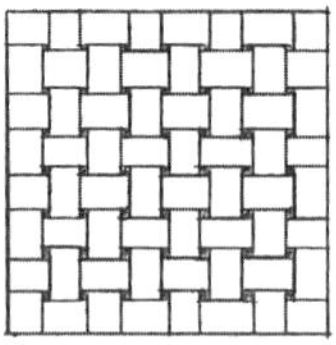
角網代

入隅《いりすみ》
二つの壁や板が出合って生まれた内角のこと。外角は出隅

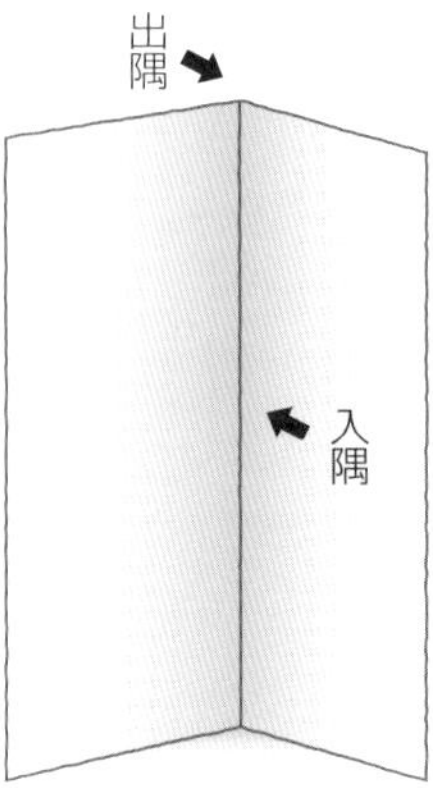

鱗板《うろこいた》
茶室の床脇などに設ける三角形の板

有楽窓《うらくまど》
織田有楽の創意による、竹を外側から詰め打ちした窓

落天井《おちてんじょう》
主となる天井に対し一段低く張られた天井

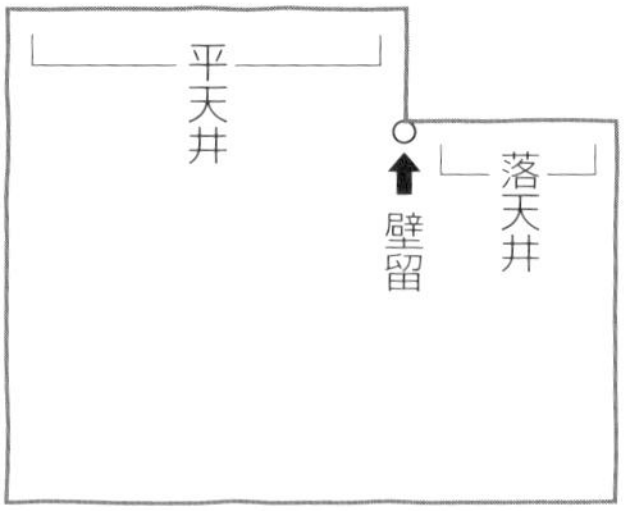

落天井

か

鏡天井《かがみてんじょう》
一枚板を鏡のように平らに削って張った平天井

掛込天井《かけこみてんじょう》
平天井と化粧屋根裏天井が組み合わされた形式の天井

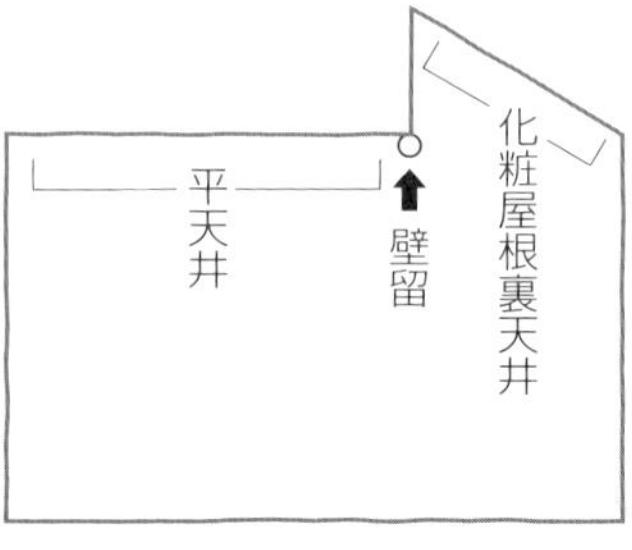

掛込天井

火燈口（形）《かとうぐち》
鴨居と方立を席中に表さず、アーチ状に壁を塗り回した出入口。またそのような形状を火燈形という

茅葺《かやぶき》
茅などで屋根を葺く形式

下座《げざ》
茶室内で末客が座るところ。通常の茶室では床から遠いほうが下座になる

小板《こいた》
向切などの炉の向こう側に入れる板で松や杉材が多い

格天井《ごうてんじょう》

格縁を格子状に組んだ天井。組天井とも

柿葺《こけらぶき》
杉やさわらなどの材を薄くはいだ板を重ねて屋根を葺く形式

腰障子《こししょうじ》
下部に高さ一尺ほどの腰板の入った障子のこと。腰が二尺ほどのものは「腰高障子」と呼ぶ。

腰張り《こしばり》
土壁の腰回りに紙を貼ること

さ

下地窓《したじまど》
壁を塗り残し、下地の見えている窓

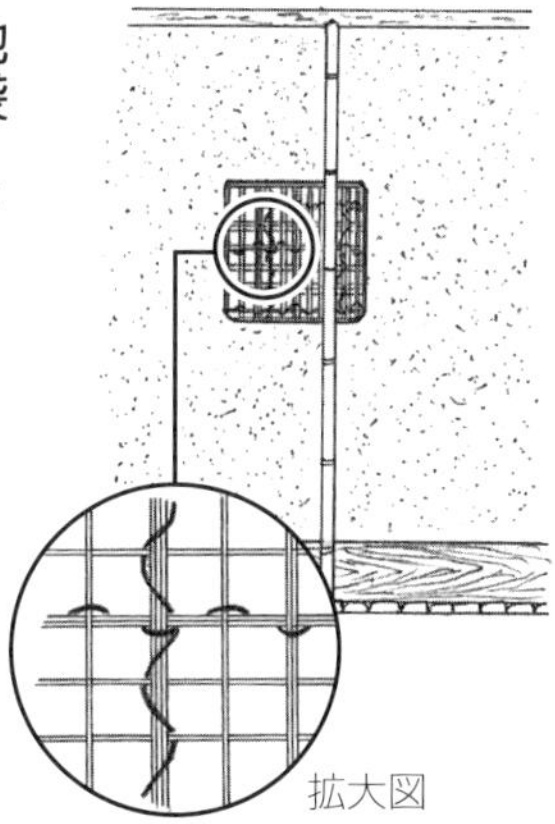
拡大図

地袋《じぶくろ》
床や地板の上に接して作られた袋戸棚のこと

上座《じょうざ》
茶室内で正客が座るところ。通常の茶室では床から近いほうが上座になる

捨柱《すてばしら》
支柱の一種で、軒を受けるために独立して立てられる柱

隅炉《すみろ》
入炉で向切と反対に、客から遠い勝手付に切られた炉をさす

宗貞囲《そうていがこい》
点前座と客座との間に設けられた仕切壁。入炉の向切の炉の下座角に中柱を立て、柱の際までの太鼓襖を設けている

た

太鼓襖《たいこぶすま》
骨組に和紙（奉書）を張った襖。襖縁がなく、引き手は金物を使わず切引き手とする

台目畳《だいめだたみ》
通常の丸畳に比べ、長さが四分の三ほどの畳のこと

違棚《ちがいだな》
床の間などの脇に設ける棚。二枚の棚板を左右段違いにする

突上げ窓《つきあげまど》
採光や換気のために化粧屋根裏に設けられる窓。戸を突き上げて開ける

出隅《ですみ》
二つの壁や板が出合って生まれた外角のこと。内角は入隅

天袋《てんぶくろ》
室内上部に作られた袋戸棚のこと

道安囲《どうあんがこい》
点前座と客座との間に設けられた仕切壁。出炉の四畳半切や上げ台目切の炉の下座角に中柱を立て、柱の際までの太鼓襖を設ける

洞庫《どうこ》
茶室の点前畳（道具畳）の勝手付に付けられた押入式の棚

通棚《とおしだな》
水屋の棚の内、最も上に作られた棚。重い道具を載せる。また床脇の棚にも用いられる

土庇《どびさし》
土間の上の柱を立てた庇のこと。土間庇とも

な

長炉《ながろ》
普通の炉を二つ合わせたほどの長方形の炉

二重棚《にじゅうたな》

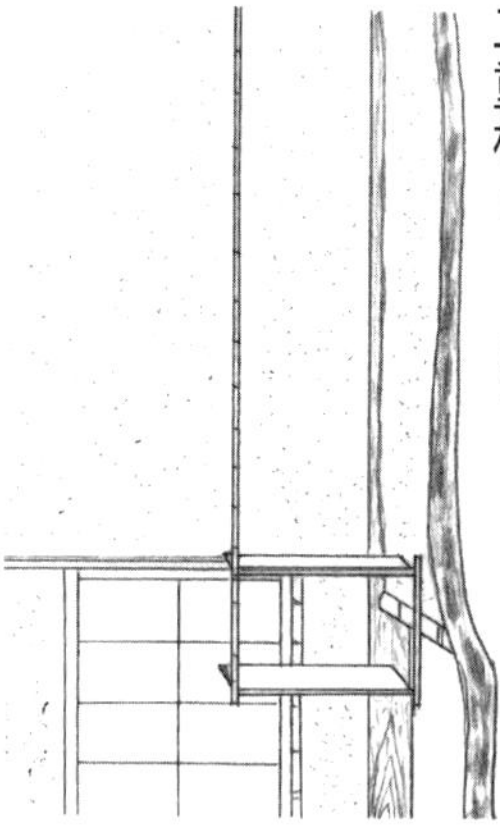

釣棚のうち、棚が上下二段になっているもののこと。この棚の数により、一重棚や三重棚などと分けられる

濡縁《ぬれえん》
壁の無い、露天の縁側のこと

は

張付壁《はりつけかべ》
紙張りで、周囲を四分一という細い縁で押さえた壁

雲雀棚《ひばりだな》

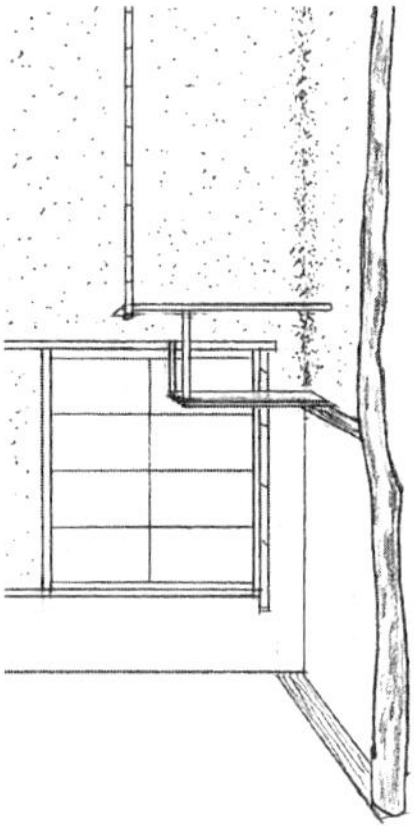

台目構えの入隅に付けられる二重釣棚。上の棚が大きく、下の棚が袖壁の横木に載っている

方立口《ほうだてぐち》

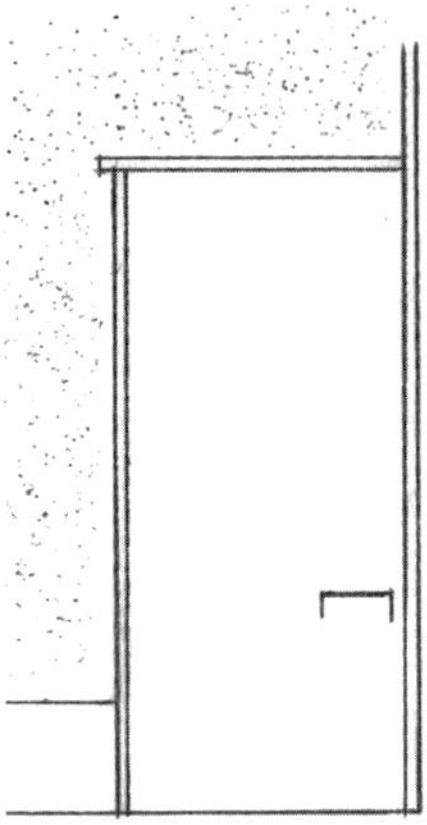

敷居、鴨居と方立という竪枠で形作られる出入口

本床《ほんどこ》
正式な床構えで、床柱、落し掛け、床框を備え、畳敷きであることが条件になる

ま

丸畳《まるだたみ》
通常の一畳の大きさをもつ畳のこと

水張口《みずはりぐち》
水屋棚の腰板などに開けられた水屋桶を通い入れる開口部で、板戸が付けられている。古くは井戸から水を調達していた

無双窓《むそうまど》
窓の外側に幅のある連子を設け、それと同じ幅の連子の引戸を付けた窓。開閉の調節で採光や通風を調節できる

ら

連子窓《れんじまど》
縦もしくは横に木あるいは竹の連子を付けた窓

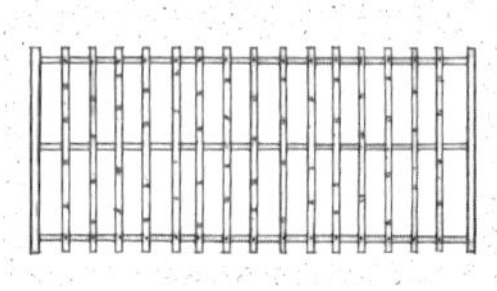

わ

脇板《わきいた》
茶道口付近や点前座の勝手側に入れる板畳。側板とも

おわりに

本書は平成二十五年の一年間に亘り月刊『淡交』誌に連載させて頂きました「名席の意匠　訪ね、学ぶ」を増補して再構成したものです。

私自身振り返れば、本格的に茶室の研究と設計、そして茶の修道をはじめて早いもので三十年余りになろうとしています。この三つの分野はそれぞれ奥が深く、どれもいまだ道半ばというのが現状です。三十年ほど前に裏千家家元の重要文化財茶室「又隠《ゆういん》」に入席を許され、その四畳半の空間で衝撃的な感動を覚えたのがつい先日のように思えてなりません。名茶室に入席したときの感動はそれぞれ人によって異なるものだと思います。しかし名茶室と呼ばれる空間は、時を経ても静かに語りかけてくれているように思えてなりません。現代に生活する我々であっても五感を研ぎ澄ませば、きっと何らかの声が聞こえ、その名茶室に携わった茶匠の存在を感じる瞬間があるものだと思います。それにはそれぞれの茶匠の工夫の意図するところを理解するように努めなければならないと思います。茶匠たちの、客に対して最善を尽くすという深い想いを理解できたとき、きっと歴史上の茶匠を感じる瞬間が訪れると確信しています。

末筆ながら、本書の作成にあたり、ご協力賜りました社寺や茶家、そして関連施設の方々にこの場をお借りしまして心より厚く御礼を申し上げます。

また連載時のご担当、単行本のご担当で終始緻密なご助力を賜りました淡交社編集局の花下智秀氏、そして図版などで惜しみないご協力を賜りました八木歳春氏に、ここに深い感謝とともに御礼を申し上げます。

平成二十八年如月

飯島照仁

著者略歴

飯島照仁 いいじま てるひと

茶室建築家。芸術学博士。昭和三十三年群馬県生まれ。宝塚造形芸術大学（現宝塚大学）大学院造形研究科博士課程修了。裏千家学園茶道専門学校卒業。平成元年、財団法人今日庵に入庵し、裏千家家元の重要文化財建造物保存及び数寄屋建築に従事。国内外の茶室と露地の設計及び建築に携わる。現在、井田林業数寄空間研究室室長兼代表取締役。また、茶道総合資料館客員研究員、宝塚大学講師、京都学園大学講師、裏千家学園茶道専門学校講師、茶の湯文化学会理事などを務める。茶名は宗照。三心会代表。
著書に『茶の匠―茶室建築三十六の技』、『ここから学ぶ 茶室と露地』、『淡交新書 逸話に学ぶ 茶室と露地』、共著に『茶室手づくりハンドブック』（いずれも淡交社刊）などがある。

写真撮影 • 恒成一訓 田畑みなお 竹前 朗 二村春臣 小林正和
装丁・本文デザイン • くつま舎 久都間ひろみ
本文イラスト • 飯島照仁

名茶室の工夫
茶室建築のアイデアを学ぶ

平成28年4月9日 初版発行

著 者 飯島照仁
発行者 納屋嘉人
発行所 株式会社 淡交社
本社 〒603-8588 京都市北区堀川通鞍馬口上ル
営業 075-432-5151 編集 075-432-5161
支社 〒162-0061 東京都新宿区市谷柳町 39-1
営業 03-5269-7941 編集 03-5269-1691
http://www.tankosha.co.jp
印刷・製本 大日本印刷株式会社

ISBN978-4-473-04083-1